그대 마음을 가져오라

달마와 함께 하는 선 여행

그대 마음을 가져오라

제운堤雲 글·그림

그대 마음을 가져오라

글·그림 제운懷雲스님

발 행 일 2009년 4월 29일 1쇄 발행

펴 낸 이 양근모

편   집 김설경 ◆ 디자인 김옥형 ◆ 마케팅 박진성·송하빈 ·김태열

발 행 처 도서출판 청년정신 ◆ 등록 1997년 12월 26일 제10－1531호

주   소 서울시 마포구 서교동 380－6 원오빌딩 4층

전   화 02) 3141－3783 ◆ 팩스 02) 3141－6115

이 메 일 pricker@empal.com

가도 감이 없는 길을 가야 하고 와도 영원하지는 않지만, 그래도 잠시 머물다가 때가 되면 기운은 바람風으로 열은 화火로 뼈와 육신은 흙地으로 수분은 물水로 사라진다.

    사라질 때는 사라진다는, 허무하다는, 아쉽다는 등 그 어떤 유언遺言, 수식어가 필요하지 않다. 그냥 다 사라진다. 남음이 있다면 한 줌의 재가 아니라 공허空虛의 적막감뿐이다.

    선禪을 하고 선화禪畵를 그리고 선시禪詩를 짓고 한다는 것, 이것마저 부질없는 건지도 모른다. 세상은 영원하지 않다. 영원히 존재함이 없는데 무엇을 추구하고 무엇을 남기겠나? 그저 인간이기에 인간으로서의 아름다움이 있고, 행복도 있는 삶의 과정에 희로애락을 다 경험한다.

    인간이 아름답고 행복하다고 말하는 것은 '향向' 하기 때문이다. 향한다는 것은 생각한다는 것이고, 생각한다는 것은 무언가를 꿈꾼다는 것이다.

생각해보라. 인간만이 가능하지 않는가? 꿈을 꾸고 그 꿈을 향해서 앞으로 나아가는 이것은 바로 인간만이 가능한 것이고 인간만이 가질 수 있는 특권이다.

이것이다, 저것이다, 딱히 정할 순 없지만 예로부터 선화禪畵는 존재해왔다. 선화의 맥도 따라 내려왔는데, 다만 선화보다는 불화佛畵로 그 흐름이 뒤섞여져 내려왔으며, 세간에는 멀리 당송唐宋대에 걸쳐 활발했던 북종화北宗畵와 원나라 때 왕성했던 남종화南宗畵가 있고, 우리나라에도 조선시대 북北, 남화南畵를 논하면서 이어져왔다.

선화를 좀 더 실체적으로 보면 선의 순수정신에서 나오는 오도悟道의 희열을 표면화한 것이 선화禪畵가 되고 선화로 칭한다.
이것이 세간의 그림과 다른 것은 감필減筆하여 간결하면서도 성화聖畵 (관음보살)나 조사상祖師像(달마), 심우도尋牛圖 등의 소재를 택한 그림들이기 때문이다.

그래서 나는 늘 선을 하듯 어느 때는 그림을 그리고 어느 때는 글을 쓴다.

어느 날 어떤 부인이 나에게 물었다.

"스님, 선禪을 하세요?"

나는 그 말을 듣는 순간 잠시 멈칫했다. 그럴 수밖에 없는 것이, 수행자들에게란 일상이 선禪인데, 선을 하느냐? 마느냐는 물음에 순간적으로 좀 불쾌한 느낌이 들었기 때문이다. '물어옴이 좋아야, 답이 좋은 것 아니겠나' 하는 생각마저 들었던 것 같다.

수행자들이 정기적으로 하는 선 공부가 있는데, 여름철 하안거夏安居가 있고 겨울철 동안거冬安居가 있다. 만약 앞서의 물음에 "예, 선방禪房 다녀요. 선을 하고 있어요." 이런 대답을 해야만 선을 하는 것은 아니다. 안거 기간은 철에 석 달이다. 그럼 석 달 기간이 아닐 때는 선을 하지 않는 것이냐? 아니다. 스님들의 일상이 그대로 선이다. 그러니 앞서 어떤 부인의 물음은 적절하지 못한 것이다.

이번에 내는 이 책은 앞서 〈달마산책〉이라는 책에 포함되었던 그림들이 꽤 들어 있다. 다만, 먼저 책에서 화제畵題의 의미만 간략하게 정리했던 것들을 이번에는 독자들이 선禪을 바로 이해하는 데 필요하다고 생각하여, '조사어록祖師語錄' 등의 인용과 나름의 철학으로 표현해보았다. 그리하여 그림과 선에 대한 이해를 돕고자 노력했다.

기축己丑 어느 봄날,
용문산 용문사 설선당에서,
영계靈溪의 청아한 물소리 들으며
제운堤雲 서문序文을 쓰다.

차례

·· 차례

들어서는 말 5

1부 | 달마가 동쪽으로 간 까닭

2부 | 마음을 가리키다

去不去 거불거
來不來 래불래

가도 감이 없고
와도 옴이 없네.

달마가 동쪽으로 간 까닭

견성

不立文字 敎外別傳 불립문자 교외별전
直指人心 見性成佛 직지인심 견성성불

문자를 내세우지 않고 가르침을 떠나 별도로 전하니
바로 사람의 마음을 가리켜 성품을 보고 부처를 이룬다.

〈달마〉

도의 분상에서는 문자가 필요치 않다. 문자란 하나의 방편이 될 수 있
겠지만 도의 본질과는 아무런 관계가 없다.

어느 날 달마의 제자가 된 혜가慧可가 물었다.

"스승이시여, 이 가르침은 문자로서 기록할 수 있겠습니까?"

달마가 말했다.

"나의 법은 마음으로써 마음에 전하느니라. 문자를 쓰지 않느니라以
心傳心不立文字."

황벽희운黃檗希運선사는 "달마가 인도에서 오신 뜻은 오직 일심一心의

不立文字 教外別傳 直指人心 見性成佛

佛紀三千五百四拾七年 溪未節夏 三月山人 堤雲

법을 전하여 일체 중생이 본래 붓다라는 것을 가리켜 보이기 위한 것이었다"라고 설하고 있다.

달마가 문자를 중요시하지 않음은 문자를 무시해버리는 것이 아니다. 당시 상황만 봐도 문자를 통해서도 무언가 이룰 수 있고 나아가 진리도 행복도 나아가 열반까지도 얻을 수 있다는 통념을 깨뜨리기 위해서였다는 걸 분명하게 느낄 수 있다.

'직지인심直指人心'을 말하기 전에 바로 '견성성불見性成佛'을 내세울 수 있지만, 직지인심을 먼저 말하는 것은 인간의 행복을 얻을 수 있는 그것이 마음이라는 곳으로 모이게 하고, 그런 후 성불涅槃, Nirvana을 얻기 위한 과정으로 견성見性(스스로를 봄)도 내세우고 하지 않았을까?

사성제 四聖諦

　고집멸도苦集滅道는, 인간의 고통과 그 원인을 없애려는 부처님의 초기 법륜法輪이다. 고苦라는 것은 집착에서 비롯하나니 집착을 없애려면 8정도를 행하라.

　정견 正見
　사물을 대할 때에는 바르게 보아야 한다.
　정사 正思
　사물을 봄에 바른 판단을 해야 한다.
　정어 正語
　사물을 대함에 바른 말을 해야 한다.
　정업 正業
　사물을 대함에 바르게 보고 행동을 해야 한다.
　정명 正命
　정당하고 바르게 생활해야 한다.
　정정진 正精進
　정진을 하되 바르게 해야 한다.

정념 正念

생각을 하되 바르게 해야 한다.

정정 正定

마음을 바르게 가져야 한다.

앞의 다섯 가지는 모든 사물(사람 포함)을 대함에 있어 바로 보고 바로 판단하여 바르게 대하라는 뜻이고, 뒤의 세 가지는 스스로의 정신 가짐으로써 공부를 하든, 생각을 하든, 정신을 모으는 것에 있어서 바르게 해야 한다는 것이다. 그렇게 함으로써 고해苦海를 넘어 저 언덕涅槃, Nirvana을 오를 수 있다는 뜻이다.

달마, 동쪽으로 가다

如何是達摩 東方去意 여하시달마 동방거의
爲其得生安樂傳法 위기득생안락전법

달마가 동쪽으로 간 까닭은 무엇인가?
중생의 안락과 법을 전하기 위함 일세.

본래 동쪽이라는 건 없다. 동쪽이 없는데 어디로 갔다 할 수 있겠는가?

예전 중국 당나라 때 한 시절 호탕하게 살다간 *가도賈島의 시 한 수가 생각난다.

세상을 등지고 은거하는 도인을 만나기 위해 산으로 찾아갔는데, 도인은 보이지 않고 시봉하는 어린동자가 혼자 있는지라, 동자에게 스승의 행방을 묻고 동자가 대답하는 내용을 시로 표현했다.

松下問童子 송하문동자
言師採藥去 언사채약거

只在此山中 지재차산중
雲深不知處 운심부지처

소나무 아래에서 동자에게 물으니
스승님은 약초를 캐러 가셨다네.
다만 이 산 어디쯤 있겠지만
구름이 깊어 찾기가 어렵네.

모처럼 산중의 은자를 찾았더니, 이 산중 어디쯤 있겠지만 구름이 자욱하여 찾지 못하고 돌아서니 그 발걸음이 무척이나 무거웠을 것이다. 물론 더 기다리다 보고 갈 수도 있겠지만, 아무튼 아쉬움이 역력한 마음을 느낄 수가 있다.

이 시를 지은 사람이 절에서 생활한 스님이었다는 기록으로 봐서 어찌 생각해보면 스스로自我를 찾기 위해서 길(동자)을 떠났는데, 번뇌(구름)가 많아 자아를 찾지 못해 괴로워한 그런 순간을 비유한 것은 아닐까 하는 생각이 든다.

달마가 동쪽으로 갔다지만 그건 인도에서 볼 때의 동쪽이다. 중국에서는 한반도가 동쪽이 되니 더 이상 동쪽이 아니다. 그러니 달마가 동으로 떠났지만 그가 간 곳은 동도 아니고 서도 아니다.

노행자盧行子(혜능)가 오조五祖(홍인)를 찾았을 때, 홍인이 어디서 왔느냐고 묻자 남쪽에서 왔다고 대답하였다. 이에 오조가 "그곳은 오랑캐가

사는 곳 아니냐?" 하니, 혜능은 "어찌 불성에 남북이 있겠습니까?" 하고
되물었다.

달마가 가는 곳, 그가 머무는 곳 그 어디에도 남북이 없고, 동서가 없
다. 오직 마음 하나 오롯이 들어보이며 미迷한 중생이 해탈할 수 있는 그
런 곳에 그의 모습이 있을 뿐이다.

✽ **가도** : 중국 당나라의 시인, 자는 낭선浪仙, 한때 출가를 해서 법명이 무본無本이라 했는데
한유韓愈에게 시재를 인정받았고, 벼슬을 하기도 했다.
유작으로 〈장강집長江集〉 10권이 있다.

알지 못합니다

達摩大師因梁武帝問 달마대사인양무제문
如何是 聖諦弟一義 여하시 성체제일의
廓然無聖 확연무성
帝云對朕者誰 제운대짐자수
大師日 不識 대사왈 불식

달마대사에게 양무제가 물었다.
무엇이 가장 수승한 진리인가?
확연한데 성스러울 것 없습니다.
무제가 다시 말하길, 짐을 대하는 자는 누구인가?
대사가 답하길, 알지 못합니다.

*설두중현雪竇重顯이 송頌하다.

聖諦廓然 성체확연
何當辨的 하당변적

達摩大師 因梁武帝問
如何是聖諦第一義
廓然無聖 帝云 對朕者誰
大師曰 不識

癸未之夏 三角山 沙門 愚石

對問者誰 대문자수

還云不識 환운불식

因茲暗渡江 인자암도강

豈免生深棘 기면생심극

闔國人 追不再來 합국인 추불재래

千古萬古空相憶 천고만고공상억

休相憶 휴상억

淸風匝地有何極 청풍잡지유하극

성스러운 진리 확연한 것을

어찌 말하는 것이 좋을까?

대하는 자 묻는 자 누구냐?

도리어 모릅니다.

이로 인하여 강을 건너니

어찌 가시밭길을 면할 수 있으리오.

온 나라 사람이 쫓아와도 돌아오지 않나니

천고만고에 공연히 생각나네.

생각하지 마라.

맑은 바람, 대지를 스침이 이보다 더할 수야.

〈선문염송〉

그러고는 좌우로 돌아보며 말하길, "여기에 조사祖師가 있느냐?" 하고는 조금 후에 다시 말하길 "있다면 여기 와서 내 발을 씻으라" 하였다.

설두는 "여기 대하는 자 누구냐?" 하는 대목에서 "그렇게 말하는 '황제' 당신은 누구요?" 하며 반문한다. 그리고 "조사인 당신 역시 황제를 그렇게 무시하고는 온전하게 살기 힘들 것이오" 하는 대목이 참 재미있다.

설두라는 스님은 원래 시문에 뛰어난 데다가 불가에 입문하여 한 경지까지 얻었으니 그야말로 기막힌 법문이 아닐 수 없다.

❋ **설두중현** : 속성은 이 씨. 수주遂州 출신. 어린 시절 유교를 공부, 시적 재능이 뛰어났다.
23세에 익주 보광원에 출가. 운문종의 3대 지문광조智門光祚 문하에서 수행하고
지문광조의 후계자가 되었다.
저서로는 〈동정어록〉 〈설두개당록〉 〈송고백칙〉 〈설두송고〉 〈조영집〉 등이 있다.

무거래 無去來

去不去 거불거
來不來 래불래

가도 감이 없고
와도 옴이 없네.

━━━━━━━━━━━━━━━━━━━━━━━━━━━━━━━━━

간다고 가고 온다고 오지만 그것은 피상적인 말에 불과할지 모른다. *오온五蘊이 공空하고 *12처處가 공하고 *18계界마저 공하거늘 어찌 오고 감이 있겠나? 적어도 달마 정도가 되면 오고 가고 한다지만, 그 또한 결코 오고 가지 않았다.

석가가 임종할 때 제자들이 슬피 울었다. 그리고 그들은 말했다.

"부처님은 죽지 않는다."

그러나 부처님은 죽음의 모습을 보인다. 그는 이미 깨달았고 죽음도 초월할 수 있지만 색色으로 형성된 것은 다 멸하여 없어짐을 스스로 보인 것이다. 한 예로 제자가 슬피 울면서 "우리는 이제 누구를 믿고 수행을 할 수 있습니까? 부처님은 죽지 않는다는데, 왜 죽음을 보이십니까?"

하니 부처님이 누운 관 밖으로 두 발이 쑥 나온다 槨示雙趺.

　이것은 무엇을 말하는가. 죽음이, 죽음이 아니라는 것을 말하고 있지 않는가? 달마 역시 남인도에서 나서 자랐고 반야다라존자에게 법을 배우고 그 법을 이어 중국 땅으로 불법을 전하기 위해 갔다.

　그러나 그가 가도 감이 아니요, 와도 옴이 아닌 것은 그가 많은 사람에게 죽음을 보였으면 그것으로 끝이어야 함에도 3년이라는 세월이 흐르고 난 뒤에 몸에 짚신 한 짝만 걸치고는 고국으로 돌아갔음이다. 중국과 인도를 오가는 많은 상인들이 그의 모습을 지켜보고 그것을 증언했다. 그는 본래 인도의 귀족으로 태어나, 용모 또한 수려했지만 흉악한 구렁이의 유정을 제도하면서 흉하고 찌그러진 모습을 대신 받기도 했다.

❀ **오온** ; 오음五陰, 간략히 사람으로 보면 된다.
　온이란 쌓인다는 뜻으로 색色이 물질을 의미한다면 수상행식은 정신적 작용을 말한다.
❀ **12처** ; 육근과 대칭이 되는 색성향미촉법 色聲香味觸法.
❀ **18계** ; 육근, 육경, 육식眼識耳識鼻識舌識身識意識.

면벽 面壁

小林面壁 소림면벽

一念靜坐 일념정좌
必有正覺 필유정각

소림굴에서 벽관을 하다.

한 생각 고요히 앉아 있노라면
반드시 정각을 이룰 것이다.

───────────────

어느 날 마조가 형악의 전법원傳法院에서 참선을 하는데, 하루는 남악
이 찾아와서 물었다.

"그대는 좌선을 해서 무얼 하려 하는가?"

"부처가 되려 합니다."

남악은 한참 말이 없더니 기와 한 장을 손에 들고 와서는 갈기 시작했
다. 이를 본 마조가 물었다.

"무엇을 하려고 기와를 갑니까?"

"거울을 만들려고 하네."

"기와를 간다고 거울이 됩니까?"

"기와를 갈아 거울이 될 수 없다면 좌선을 한들 부처가 되겠나?"

"그렇다면 어떻게 하는 것이 좋겠습니까?"

남악이 마조를 보면서 말했다.

"사람이 수레를 끌고 갈 때 수레가 나가지 않으면, 수레를 치겠는가? 소를 치겠는가?"

이 한마디에 마조는 크게 깨달았다.

적어도 좌선을 하느니 참선을 하느니 하기 전에 먼저 마음을 쉬어야 한다. 마음이 쉬지 못하면 좌선이고, 참선이고 아무런 의미가 없다. 그래서 처음 수양하는 사람에게 늘 강조하는 것이 "마음을 쉬어라" "방하착放下着(집착을 내려놓음)하라" 한다.

왜냐? 집착의 무게가 좌선을 방해하고, 참선이 되지 못하게 하기 때문이다. 그러니 좌선을 제대로 하자면 우선 마음을 쉬어야 한다. 마음만 쉬면 이미 공부는 반 이상 이루어졌다고 할 수 있다.

문수보살이 무착無着에게 내린 법문을 보면 "누구라도 잠시 고요히 앉아, 참선을 한다면 칠보탑七寶塔을 항하사 모래처럼 세우는 것보다 더한 공덕이 된다" 하셨다. 왜냐하면 아무리 칠보탑이라 할지라도 유위현상有爲現象은 영원할 수 없는 반면 좌선을 하는 것은 정신을 도모하여 끝내는 정각正覺을 이룰 수 있기 때문이다.

可曰 我心 未寧 乞師與安 가왈 아심 미녕 걸사여안
師云 將心來與汝安 사운 장심래여여안
可曰 覓心不可得 가왈 멱심불가득
師云與汝安心竟 사운여여안심경

*혜가慧可가 말했다.
"저의 마음이 편치 않으니 스승이시여, 편안함을 주시옵소서."
스승이 말하기를,
"네 마음을 가져오면 내가 네 마음을 편케 하리라."
혜가가 다시 말했다.
"마음을 찾을 수 없나이다."
스승이 말하길,
"내 너에게 이미 마음을 편하게 해주었다."
〈선문염송〉

스승인 달마가 내린 이 법문法門에 신광이 크게 깨달았다 言下大悟.

신광이 깨달음의 희열에 잠시 도취되어 있을 때 달마스님이 게송을 읊었다.

"밖으로 모든 연을 쉬고 안으로 헐떡이는 마음이 없어서, 장벽처럼 되었을 때 가히 도에 들 수 있느니라 外息諸緣 內心·無喘 心如長壁 可以入道."

이에 신광이 "저는 이미 모든 인연諸緣을 쉬었습니다" 하니, 달마스님이 다시 물었다.

"그러면 *단멸斷滅에 떨어지지 않았느냐?"

"그렇지는 않습니다 不成斷滅."

"어찌 그런 줄 아느냐?"

"바로 알아서 무엇으로 미치지 못합니다."

그러자 대사가 "이것이 모든 부처의 중득한 마음 체요, 너의 불성이니 다시 의심하지 말거라" 하고는 신광이라는 이름을 고쳐 혜가라는 호를 주었다.

그로부터 승속이 배나 더 믿고 귀의하였는데, 9년이 지나면서 서쪽의 천축으로 돌아갈 생각을 내고 문인들에게 말하였다.

"때가 되었다. 너희들이 얻은 바를 말해보라."

이때 문인 도부가 말했다.

"제가 보기에는 문자에 집착하지 않고 문자를 여의지도 않음으로써 도를 삼는 것입니다."

대사가 말했다.

"너는 나의 가죽을 얻었다."

총지 비구니가 말했다.

可曰 我心未寧乞師與
安 師云 將心來與汝安
可曰 覓心了不可得 師云
與汝安心竟
癸未仲夏 三角山沙門

"제가 알기에는 아난이 *아촉불국을 보았을 때에 한 번 보고는 다시 보지 않을 것 같습니다."

"너는 내 살을 얻었다."

도육이 말했다.

"사대四大, 地水火風가 본래 공하고 오온五蘊이 있지 않으니, 제가 보기에는 한 법도 얻을 것이 없사옵니다."

"너는 내 뼈를 얻었다."

마지막에 혜가가 절을 하고 제자리에 서 있으므로, 대사가 말했다.

"너는 나의 골수를 얻었다."

그러고는 다시 혜가를 보면서 말했다.

"옛날에 여래께서 정법안장을 가섭대사에게 전했는데, 차츰 전해져서 나에게까지 왔다. 내가 이제 그대에게 전하노니, 그대는 잘 지키라. 그리고 가사를 겸해주어 법의 신표를 삼노니 제각기 표시하는 바가 있음을 알라."

혜가가 말했다.

"자세히 설명해주십시오."

"안으로 법을 전해서 마음을 깨쳤음을 증명하고 겉으로 가사를 전해서 종지를 확정한 것이다. 후세 사람들이 얄팍하게 갖가지 의심을 가지고 '나는 인도사람이요, 그대는 이곳 사람인데, 무엇으로 법을 중득했다는 것을 증명하리오' 할 것이니 그대가 지금 이 옷을 받아두었다가 뒤에 환란이 생기거든 이 옷과 나의 게송偈頌만을 내놓아서 증명을 삼으면 교화하는 일에 지장이 없으리라. 내가 *열반涅槃에 들게 된 지 200년 뒤에

옷은 그치고, 전하지 않아도 법이 항하사 세계에 널리 퍼져 도를 밝힌 이가 많고 도를 행하는 이가 적으며, 진리를 말하는 이가 많고 진리를 통하는 이는 적어서 가만히 진리에 부합하고 비밀리에 증득하는 이가 천만을 넘으리니 그때는 잘 드날려 깨닫지 못하는 이를 가벼이 여기지 마라. 한 생각 돌이키면 본래 깨달은 것과 같으리라. 나의 게송을 들으라."

"내가 본래 이 땅에 온 것은 법을 전해 어리석은 이를 제도하려는 것 인데, 한 송이 꽃에 꽃잎이 다섯이라, 열매는 자연히 이루어지리라."

* **혜가** : 원래 이름은 신광神光. 허난성河南城 뤄양洛陽 출신.
  중국 선종의 초조인 달마로부터 법을 받아 제2조가 되었다.
* **단멸** : 끊어지고 멸함.
* **아촉불국** : 서방정토와 다른 정토세계로서 7보로 이루어져 있음.
* **열반** : 산스크리트어의 Nirvana를 음역한 것으로 한역에서 적멸寂滅 등으로 쓰며,
  연소된 상태의 뜻을 지님.

환생

葱嶺途中 총령도중
手携隻履 수휴척리

총령 길에
짚신 한 짝 들고 가네.

〈기신론〉

돌아, 돌아, 돌아서 왔던 길 다시 가더라.
본래 오지 않았다면 갈 일도 없었건만
본래 가지 않았다면 돌아올 일도 없었을 것을.

하하, 우습구나!
천하의 달마가 빈손으로 갔다가
짚신 한 짝 건져들고 돌아가네.

환생이라 했든가?

葱嶺途中
手攜隻履

登岳節夏
二角山人 堤和

나지 않았다면 환생도 없었을 것을.
무엇을 수고로이 왔다 갔다 하나.
"나 괜히 왔다 간다"고 한 것처럼
중광도 그렇게 말하고, 그렇게 갔다.

그대의 모습 중생의 모습이고
그대의 모습 부처의 모습인데,
그대가 들이켠 양자강
물 값이나 다 지불하고 간 것인가?

기러기는 찬 서리 따라 와서, 찬 서리 따라 간다.

내가 이 땅에 온 뜻은

吾本來此土 오본래차토
傳法救迷情 전법구미정
一花開五葉 일화개오엽
結果自然成 결과자연성

내가 이 땅에 온 것은
법을 전하고 중생을 구하고자 함이다.
한 꽃에 다섯 잎이 열리니
결과는 자연히 이루어지리라.

〈혈맥론〉

달마를 이해하는 데는 크게 4단계로 나눌 수 있다.

그 첫 번째는 그가 인도에서 남중국을 통하여 양나라 무제를 만난 것
이고, 두 번째는 소림굴에 들어 9년 동안 면벽관심面壁觀心을 한 사실이
고, 세 번째는 혜가慧可에게 법을 전수한 시점이요, 그 나머지는 귀서歸
西로서 자기의 고국으로 돌아가는데, 살아서 가지 못하고 죽어 다시 환

생하여 돌아갔다는 것이다.

달마는 본시 인도인으로 불법을 전하기 위해 바다를 건너 남중국으로 오게 되었는데, 그때 이미 나이가 115세나 되었다는 설이 있다. 부처님의 법이 그에게 오기까지 28번째이며, 중국에 와서는 해동의 초조初祖가 된다.

달마는 스승 반야다라존자의 가르침에 따라 중국으로 왔다. 당시 중국은 각종 경서며 논장論章 등이 종횡하고 있을 때라서 경전을 중심으로 하는 불교가 성행하여 경구經句나 논論 등이 불교의 본질인 것처럼 받아들여지고 있었다.

달마는 이런 종교적 분위기에서 어떻게 불법의 참뜻을 전할 수 있을 것인지 고심하다가 유명한 소림사의 '구년면벽'에 든다.

달마가 중국 땅에 발을 들여놓았을 때 먼저 만난 사람이 양나라 임금 무제였다. 당시 양무제는 불심이 깊어 많은 불사를 하고 있던 터라 인도의 고명한 스님이 온다는 것을 크게 반겼다.

양무제가 물었다.

"짐이 즉위한 이래 불사와 불상, 역경, 조탑造塔을 많이 하였으니 얼마나 공덕이 됩니까?"

달마가 답했다.

"공덕이 없습니다 無功德."

양무제가 다시 물었다.

"어떤 것이 석존의 수승한 진리입니까?"

달마가 답하되,

"확연히 거룩한 진리가 없습니다廓然無聖."

양무제가 다시 말하기를,

"짐을 대하는 이가 누굽니까?"

"모릅니다不識."

달마는 무제가 알든 모르든 더 이상 말을 하지 않고 훌쩍 가버렸는데, 양무제가 지공스님을 시켜 달마를 붙잡으려고 했지만 지공스님의 만류로 그냥 가도록 두었다. 달마가 간 곳은 바로 소림이다. 그는 그곳에서 긴 침묵으로 일관하며 수행하다가 우연히 혜가가 찾아오자 곧장 그릇인 줄 알고는 법을 넘긴다.

얼마 후 달마는 육신을 버리게 되는데, 3년이 지나 짚신 한 짝을 들고 고국 인도로 돌아가게 된다. 그때 그의 모습을 본 사람들의 이야기가 황실에까지 들어가게 되었다. 황실에서 그의 무덤을 확인하니 짚신 한 짝만이 남아 있으므로, 이에 탑을 세우고 달마를 기념하는 여러 기록을 남기게 되었다.

마음을 가리키다

不立文字 教外別傳 불립문자 교외별전
直指人心 見性成佛 직지인심 견성성불

문자를 내세우지 않고 가르침을 떠나 별도로 전하니
바로 사람의 마음을 가리켜 성품을 보고 부처를 이룬다.

달마가 많은 사람들을 대함에 있어 마음 하나 가리키는 그것 말고는
다 군더더기에 불과하다. 먼저 마음을 가리키면 바로 보지 못하는 것이,
달을 가리키는데, 달은 보지 않고 달 가리키는 손끝만 보니 그 많은 수
식어가 따르고 그 많은 방편이 쓰여지는 것이다.

사실 "마음이 무엇이냐?" 하면, "마음이 마음이지." 이런 정도로 답이
쉽게 나온다. 그러나 마음을 어디에 둬야 하고 어떻게 써야 하느냐 하는
문제는 쉽지 않다. 이것은 단순히 마음이 무엇인가 하는 것에 달려 있는
것이 아니라, 마음을 논하기 전에 마음을 바로 알기 위해서는 자기를 알
아야 하기 때문이다. 자기를 알기 위해서는 자성自性을 깨달아야 하는
데, 자성을 깨치면 바로 견성見性이요, 견성이란 바로 부처라고 할 수 있

다. 부처가 견성하지 않고 부처가 되었겠는가? 견성을 하면 바로 그 자리가 제불보살諸佛菩薩의 자리와 차별이 없다.

그러므로 '깨달으면 부처요悟卽佛, 깨닫지 못하면 중생이다迷卽衆生.' 이런 평범한 진리를 범부는 알지 못해서 끙끙대는 것이다.

선禪을 중히 여기는 선가에서는 자성을 깨닫기 위해 선을 한다. 선에는 *간화선看話禪과 *묵조선黙照禪이 있다. 간화선이란 화두話頭(말머리)를 들고 하는 것이고, 묵조선은 글자 그대로 묵묵히 마음을 고요하게 하는 것으로 수행을 한다. 현재 우리나라 불교는 '간화선'을 중심으로 하지만 개중에는 묵조선을 하는 수행자도 더러 있다.

또한 수행을 하는 데 있어서도 '단번에 깨달으면 된다'는 *돈오頓悟 주장이 있는가 하면, 점차적으로 닦아 깨달아야 한다는 *점수漸修를 두고 선가의 쟁점이 되고 있다.

◉ **간화선** : 화두를 본다는 뜻으로 예를 들어 "개는 불성이 없다狗子無佛性"
 "모든 중생은 불성이 있다一切衆生皆有佛性" 했는데, 왜 하필 개는 불성이 없을까? 하는
 의심을 가지게 하면서 수행하는 것.
◉ **묵조선** : '묵'이란 침묵으로서 마음을 오롯하게 하여 좌선하는 것을 뜻하고,
 '조'란 지혜로서 본래 깨끗한 성품을 비춰보는 것을 뜻함.
◉ **돈오와 점수** : 돈오란 먼저 깨닫고 점차 닦아 나가는 것을 말하고,
 점수는 점차적으로 닦아서 깨달아야 한다는 주장이다.

부처 있는 곳이 어디냐

前佛後佛只言其心 전불후불지언기심
心卽是佛 佛卽是心 심즉시불 불즉시심
若有心外佛 佛在何處 약유심외불 불재하처

앞 부처, 뒤 부처 모두가 마음을 말한다.
마음이 곧 부처요, 부처가 곧 마음이다.
만약 마음 밖에 부처가 있다면 부처 있는 곳이 어디냐?

〈혈맥론〉

신광이 달마에게 묻기를, "부처님의 *법인法印을 들려주십시오" 하니
달마가 답하기를 "부처님의 법인은 남에게 들려줄 수 있는 것이 아니니
라" 하였다.

신광이 다시 물었다.

"저의 마음이 편치 않으니 스님께서 편케 해주십시오."

달마가 답했다.

"너의 마음을 가지고 오라. 편케 해주리라."

"마음을 찾지 못했습니다."

신광의 말에 대사가 다시 답했다.

"네 마음을 벌써 편케 해주었느니라."

이 말에 신광이 크게 깨달았다 言下大悟.

신광이 깨달음의 희열에 잠시 도취되어 있을 때 달마대사가 게송을 읊었다.

"밖으로 모든 연을 쉬고 안으로 헐떡이는 마음이 없어서, 장벽처럼 되었을 때 가히 도에 들 수 있느니라 外息諸緣 內心無喘 心如長壁 可以入道."

신광이 다시 말했다.

"저는 이미 모든 인연諸緣을 쉬었습니다."

"그러면 단멸斷滅에 떨어지지 않았느냐?"

"그렇지는 않습니다 不成斷滅."

"어찌 그런 줄 아느냐?"

"바로 알아서 무엇으로 미치지 못합니다."

그러자 달마대사가 말했다.

"이것이 모든 부처의 증득한 마음 체요, 너의 불성이니, 다시 의심하지 말거라."

❀ **법인** : 진리의 도장이라는 말로서 부처님의 깨달음을 뜻함.

念外念作 염외염작
物外物見 물외물견

생각 밖에 생각을 하고
물질 밖에 물질을 보라.

2부

마음을 가리키다

불립문자

不立文字 教外別傳 불립문자 교외별전
直指人心 見性成佛 직지인심 견성성불

문자를 내세우지 않고 가르침을 떠나 별도로 전하니
바로 사람의 마음을 가리켜 성품을 보고 부처를 이룬다.

〈달마〉

마음과 마음이 전해지는 것을 일러 이심전심以心傳心이라 한다. 도道의 분상分上에서는 말이 필요치 않으나, 다만 근기가 미약한 사람들에게 방편이 될 뿐이다. 부처님께서는 법을 전한 가섭伽葉에게 세 번의 마음을 전했는데, 이것이 그 유명한 삼처전심이다.

영산회상거염화靈山會上擧拈花
어느 날 부처님께서는 영산회상에서 법문을 하시게 되었는데, 그때 가섭존자가 법문의 뜻을 알고 미소를 지으니 부처님께서 그 뜻을 알게 되었다는 내용이다.

不立文字 教外別傳
直指人心 見性成佛

癸未夏 三角山沙門 振雨

<대범천왕경불의경>

다자탑전분반자 多子塔前分半座

부처님께서 어느 날 다자탑 앞에서 설법을 하시게 되었는데, 대중들이 많아 자리가 협소한지라 앉은 자리를 반쯤 나누어 가섭에게 앉도록 했다는 내용으로, 부처님이 가섭에게 마음을 전한 뜻이 된다.

<가섭중본기경>

쌍림열반곽시쌍부 雙林涅槃槨示雙趺

부처님께서 열반에 드실 때 가섭을 포함한 많은 제자들이 슬피 울고 있었다. 그때 "부처님께서는 죽지 않는다 하셨는데 어떻게 죽음을 보이십니까?" 하니 부처님이 누운 관 속에서 두 발이 나오게 하였다. 이것은 부처님이 죽지 않음을 말하고 있다. 다만 육신을 *지수화풍 地水火風으로 돌려보내야 하는 교훈을 보이는 것에 불과하다.

<염화시중>

※ **지수화풍** : 4대원소로서 색신色身으로 형성된 인간이 수명이 다하면 몸뚱이는 땅의 성분으로, 수분은 물의 성분으로, 열은 화의 성분으로, 힘은 바람의 성분으로 돌아간다는 뜻.

스스로를 제도하다

歷劫相隨心作身 역겁상수심작신
幾回出沒因循 기회출몰인순
此身不向今生度 차신불향금생도
更向何時度此身 갱향하시도차신

수없는 세월 마음 따라 몸 받아서
윤회의 길에 들고 나옴이 그 얼마였던가?
이 몸을 금생에 다스리지 못하면
어느 생에 제도받을 수 있나.

〈금강경〉

세상은 변하지 않으며, 또한 변한다. 이 말은 아무리 형태가 변한다고 여길지 몰라도 변한 것은 없다는 말이다. 그러나 굳이 변했다면 사람의 심성心性이 아닐까?

하지만 심성 또한 물이 흐르듯 해서 변해본들 변할 것이 없다. 한 생각의 차이쯤이나 될까, 그밖은 아니다. 성인과 범부의 차이가 있다면 한

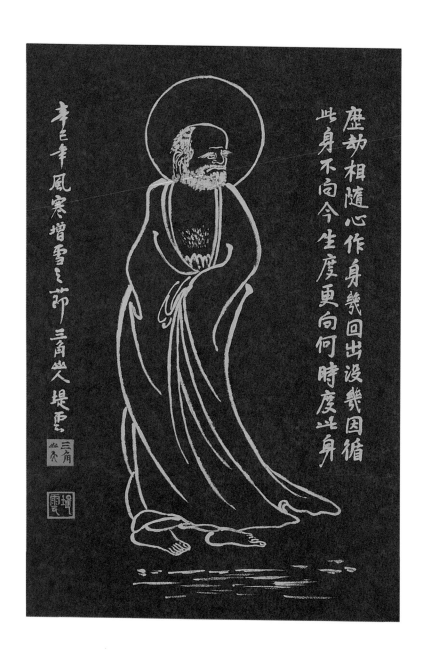

歷劫相隨心作身　幾回出沒幾因循
此身不向今生度　更向何時度此身

辛巳 風寒增雪之節 三角山人 堤雲

생각 차이인 것처럼 별반 달라지고 변할 것이 없다는 것이다.

우리의 삶도 그와 같아서 선비 소리 듣는 사람은 늘 군자다운 생각을 하면서 사는 사람이고, 천하다는 소리 듣는 사람은 늘 천한 생각에 천한 짓을 하고 사는 것이다. 그러니 한 생각 돌이키면 극락이 보이고, 한 생각 놓치면 지옥인 게다.

얼마 전 돌아가신 모 신부님의 경우를 보면 늘 성인聖人의 생각을 하면서 살다가 떠났으니 바로 천국을 가지 않았을까? 허나 천국은 어디에 있으며 그가 머무는 곳은 어디쯤이겠는가. 나는 이렇게 답하겠다.

"천국에 갔다 왔다는 사람 아직 없고, 지옥 또한 가고 온 사람 아직 알 수 없다. 다만 그가 선종善終을 하고 나니 많은 사람들이 그를 성인처럼 여기며 그의 죽음을 애석하게 여기니, 그것이야말로 성인다운 생각으로 성인처럼 살다간 삶으로 바로 천국에 가신 것이 아니고 무엇인가?"

그래서 불교에서는, 지금 현재 이 순간이 중요하다고 여긴다. 현재는 과거로부터 받은 씨앗이 싹터서 결실을 맺는 곳이고 미래의 씨앗을 뿌리는 곳이기 때문이다. 그러니 현재를 잘 살지 못하면 과거의 업장業障을 녹이지도 못하고, 현재의 선근善根 또한 심지 못한다. 하여, 미래를 예측할 수 없는, 그저 다람쥐 쳇바퀴 돌듯 윤회輪廻의 수레바퀴에서 벗어나지 못하는 것이다.

예전의 스님들은 하루해가 다 질 무렵이면 다리를 뻗고 울었다 한다. 하루를 보냈음에도 공부를 성취하지 못한 마음에 서러워서 울고, 분심忿心을 내어 용맹정진하지 못함이 부끄럽고 안타까운 마음에 운 것이다.

불교는 탐진치貪瞋恥를 일러 삼독이라 한다. 탐냄과 성냄과 어리석음,

이 세 가지를 큰 독으로 보는 것이다. 탐낸다는 것은 곧 욕심을 뜻한다. 알고 보면 세상은 욕심낼 것이 없는데, 그 욕심이 어떤 결과를 낳는 줄 알면서도 욕심에서 멀어지지 못한다.

그 욕심 때문에 명을 단축하는 경우가 얼마나 많든가? 벼슬도 얻고, 재물도 충분히 쌓아놓은 사람들이 도중에 한강에 몸을 던지게 되는 것은 결국 욕심 때문에 일어난 일들이다.

성냄 또한 마찬가지다. 세상을 살면서 성내지 않고 살기란 어렵다. 그러나 많은 일들 가운데 성내지 않아도 될 일들이 성을 내야 할 때보다 훨씬 많다. 그것은 한 생각이다. 한 생각 돌이켜보면 아무것도 아닌 것을 한 생각 판단을 제대로 하지 못해 일어나는 것이다.

금강산 돈도암頓道庵의 바위 위에 새겨진 글을 보면 깜짝 놀란다.

"후학들은 진심瞋心을 내지 마십시오. 나도 한 시절 이곳에서 지냈습니다. 그러던 중 어느 날 솔바람에 문이 닫혀 내 손을 찧었는데, 한순간 진심을 일으켜 이 뱀의 몸을 받았습니다."

어리석음도 마찬가지다. 세상에 어리석음 때문에 일어난 일들이 좀 많은가? 불교에서는 "알고 짓는 죄보다 모르고 짓는 죄가 더 크다" 한다. 이는 알고 짓는 죄는 그칠 수 있지만 모르고 짓는 죄는 그칠 줄 모르기 때문이다.

오직 마음

前佛後佛 只言其心 전불후불 지언기심
心卽是佛 佛卽是心 심즉시불 불즉시심
若有心外佛 佛在何處 약유심외불 불재하처

앞 부처, 뒤 부처 모두가 마음을 말한다.
마음이 곧 부처요, 부처가 곧 마음이다.
만약에 마음 밖에 부처가 있다면 부처 있는 곳이 어디냐?

〈혈맥론〉

마음, 마음, 마음이라지만 마음이라면 이미 마음은 없다. 마음이라는 것은 마음 이전에 마음이지 마음 이후에 마음이 아니다. 그러므로 일부러 마음을 찾거나 마음을 얻을 필요는 없다. 마음이라는 것은 찾아도 찾을 수 없는 것이요, 얻으려 하나 얻어지는 것이 아니다.

마음을 달리 보면 자성自性이다. 자성이란 요동하지 않으면 그대로 자성 청정인데, 요동하니까 자성이 흐트러지고 분별을 잃어버려서 궁극에는 자기를 잃어버린다. 자기를 잃어버리면 본래 청정한 자성을 잃기에

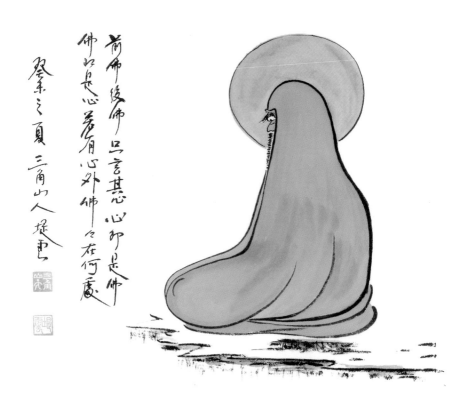

前佛後佛 只言其心 心卽是佛
佛卽是心 若有心外佛 々在何處

癸未之夏 三角山人 揆書

동서를 분간하지 못하고 위아래를 구분하지 못하고 상하로 흔들리고 좌우로 요동쳐서 끝내는 미혹迷惑의 늪에 빠져서 헤어나지 못하고 만다.

문수보살이 재수財首보살에게 물었다.
"불자여! 온갖 중생은 중생이 아니거늘 여래께서는 어찌 중생의 시기時期를 따르며, 수명을 따르며, 몸을 따르며, 행위를 따르며, 욕요欲樂를 따르며, 원願과 마음과 방편과 사유思惟, 주량籌量(헤아리고 생각하는 것) 견해를 따라 교화하시는 겁니까?" 재수보살이 게偈를 읊어 대답했다.

명지明智의 마음 경계 적멸寂滅 항상 즐기니
그대로 설하는 말, 그대 잘 들어라.
분별로 몸속 보면 이 몸 어디 있다 하랴.
이같이 관찰하면 나의 유무 깨달아
이 몸 온갖 부분 소이所以 지주止住(머물러 안주함) 다 없거니.
이런 이치 깨달으매 몸에 집착 없어져서
사실대로 몸을 알면 온갖 사물 환하리니
그 허망을 알고 보면 마음 소염所染(번뇌에 물들지 않음) 없으리라.
몸과 수명 서로 따라 잇따라 이어지니
선화륜旋火輪(불을 들고 회전하는 것) 같은 그것 전후조차 몰라.
지자 있어 온갖 것의 무상無常함과 무아無我함을
능히 살펴 안다면 온갖 상을 떠나리라.

〈화엄경〉

마음은 장벽처럼

外息諸緣 외식제연
內心無喘 내심무천
心如墻壁 심여장벽
可以入道 가이입도

밖으로 모든 연을 쉬고
안으로 조바심이 없어서
마음이 담장처럼 되어야
가히 도에 들 수 있음이야.

〈혈맥론〉

눈이 허리까지 차오르도록 굴 밖에 서서 화상의 법문을 기다렸지만 굴속에서 무언無言 면벽面壁하시는 화상和尙은 보이지 않았다. 날이 새고 난 뒤에야 화상을 대면할 수 있었는데, 나의 측은한 모습을 측은하게 봐 주지 않았다. 법을 얻으려는 자가 그깟 하룻밤 노숙을 하는 것이 뭐 대수냐 하는 정도였다.

外息諸緣
内心無喘
心如墻壁
可以入道
　達摩

癸未之夏三角山人堤書

그렇다고 쉽게 물러날 혜가慧可도 아니다. 화상을 면전에 대할 수 있는 것만도 얼마나 다행한 일인가?

과거 석가모니 부처님의 과거세를 보면, 나찰의 법문 "모든 것이 덧없어서, 나고 죽고 하나니諸行無常 是生滅法" 이 한마디를 듣고 나찰에게 간곡히 부탁하길, "나머지 게송을 들려준다면 이 몸까지 던지리다" 하였으므로 나찰이 나머지 게송을 읊었다.

"나고 죽는 것 다할 때 적멸寂滅이 낙이 된다生滅滅已 寂滅爲樂."

혜가 역시 화상에게 자기의 진심을 보여야겠다는 마음으로 몸에 지닌 계도戒刀로 팔을 내리쳤다. 그제야 화상께서 마음이 움직였는지 가까이 다가와 물었다.

마음이 불편하다고 했고, 그 불편한 마음을 보여주라는 말씀을 따라 한참 자신의 마음을 찾아보았지만 화상에게 보이거나 드러내놓을 그 무엇도 없다는 것을 알게 되었다. 화상 역시 "너의 불편한 마음을 편하게 했노라" 하였고 그 뒤에 마음 법문을 내리게 되었는데, 그것이 바로 "마음이 담벼락같이 견고해야…" 하는 법문을 받게 되었던 것이다.

마음이란 쉽게 쓰는 용어지만 자칫하면 무가치하게 남용하게 된다. 그럴 때 마음이 '마음대로'가 되어 나를 병들게 하고 이웃을 불편하게 해서 궁극에는 불안하고 초조한 삶을 살다가 그저 한 무더기 낙엽처럼 그렇게 끝맺게 된다.

달마도강 達摩渡江

去不去 來不來 其唯 爲濟 度迷情 거불거 래불래 기유 위제 도미정
無去來道 來去也 무거래도 래거야

가도 가지 않음이요, 와도 오지 않음이라.
그것은 오직 중생을 제도하고자 할 뿐,
오감이 없는 길을 오고 갔음이라.

비롯함이 없이 시작하여, 그 끝도 없어라 無始無終.

삼라森羅가 고요하다는 것은 곧 공空을 말하며, 공이란 일체를 의미하며 일체를 부정한다. 부정함이라 함은 영원한 공, 변함이 없는 공, 정지된 공이 없기 때문이다*成住壞空.

시간적으로는 과거, 현재, 미래요, 공간적으로는 육도六道를 끝없이 윤회輪廻할 뿐이다.

윤회가 멈춘 그 자리가 바로 불성佛性이요, 니르바나Nirvana다.

니르바나 그 자리가 바로 불생불멸不生不滅이요, 영원한 해탈이며, 안식이며, 중생세계가 떨어져 나간 자리다.

達摩渡江　去不去　來不來

其唯　為清度迷情　吾去來道　來去也

癸未年夏　三角山沙門　燦雲

어느 날 *설봉雪峰선사가 어떤 스님에게 물었다.

"어디서 오는가?"

"길을 거치지 않았습니다."

선사께서 소리 높여 말하길,

"돌咄(쯧)! 저 개구리 같은 놈!" 하고는 또 다른 스님에게 물었다.

"어디서 왔는가?"

"강서에서 왔습니다."

"어디서 달마를 만났는가?"

"달마뿐 아니라 설사 또 어디에 있더라도 만나지 않을 겁니다."

선사가 다시 물었다.

"달마가 있는데도 만나지 않았는가?"

"만나지 못했는데, 무슨 있다 없다 하십니까?"

"있다 없다 말하지 않는다면 그대는 어째서 만나지 못했다 하는가?"

이에 아무 대답을 하지 못하였다.

　선사들의 법문은 때로는 송곳 같고, 때로는 넓은 바다와 같아서 쉬 따라가다가는 뼈도 추리기 어렵다. 또 선이란 얼핏 생각하면 이론적인 것 같지만 선은 이론이나 추리, 해석으로 가능하지 않다.

※ **성주괴공** ; 성겁, 괴겁, 주겁, 공겁의 4겁으로 나누는데, 성겁은 이루어지는 시간을
말하는 것으로, 유정有情 세계가 이루어짐을 말함. 주겁은 안주安住하는 시간,
괴겁은 붕괴되는 시기(붕괴될 때에는 가장 낮은 유정세계로부터 붕괴되는데 지옥, 중생,
아귀, 축생, 아수라 등) 공겁空劫 세계가 텅 빌 때, 세계가 불타거나 해서 없어지고 공허해서
밤과 낮 일월의 구분도 없는 시기.
지금 우리의 지구 둘레에 있는 모든 별들의 세계가 성주괴공을 하고 있다고 보면 되는데
가령 어떤 별에는 칠흑 같은 어둠만이 있을 뿐 아무런 생명체도 있지 않지만
공의 세계를 지나면 그런 별이 유정이 생기는 성겁의 때가 도래한다고 볼 수 있다.

※ **설봉선사** ; 복건성 천주 남안 사람. 속성은 증 씨. 12세에 출가하여 상골산에서
암자를 짓고 오래 머물렀는데, 그곳은 제일 먼저 눈이 내리는 곳이므로 설봉이란 호를
쓰게 되었다. 덕산선감의 법을 잇고, 그의 법제자 운문이 운문종의 개창자가 되었다.

심외무물

心外無物 심외무물

마음 밖에 물질은 없다

이 말은 〈증도가證道歌〉에 나온다. 물질보다는 정신의 중요성을 강조한 말이다. 달마 〈혈맥론血脈論〉에는 "마음 밖에 부처가 없다心外無佛"는 말을 하고 있는데, 이것 역시 인간의 주체가 마음이라는 것을 말한다.

부처님께서 설하신 〈금강경〉에 누누이 하신 말씀이 물질이 아무리 가치가 있고, 그 공덕이 한량이 없다 할지라도 정신의 공덕에 미치지 못함을 강조한다.

"수보리야, 네 뜻은 어떠하냐? 만약 어떤 사람이 칠보七寶로서 저 항하사恒河沙(인도 갠지스강의 모래)만큼의 보시를 행한다면 그 공덕이 얼마나 되겠느냐?" 하니, 수보리가 "크다"고 대답을 하자, 부처님께서 말씀하시길 "차경(금강경)의 사구게四句戒 등을 수지독송受持讀誦하고, 또 남을 위해서 연설한다면, 저기 칠보로서 그렇게 많은 보시를 행한 것보다 더 수승하느니라" 하였다.

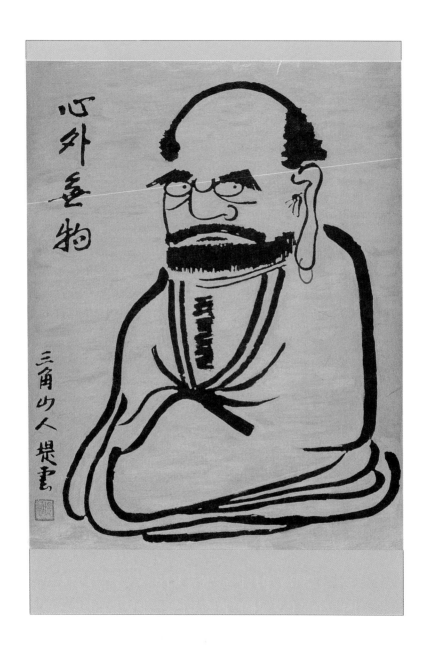

물질의 세계는 한계가 있지만 정신의 세계는 한계가 없음을 말함과 동시에 그것보다 더 수승하다는 말로 정신을 강조하신 것이다.

이 말씀을 나는 달마상에 화제로 많이 쓴다.

사람이 이 땅에 발을 딛고 선 이상, 남녀노소를 가릴 것 없이 그 욕심이 끝이 없어서 인생을 산다는 것보다는 물질을 따라 사는 것이요, '나'라는 존재의 가치보다는 물질 속에서 나를 찾고, 물질과 더불어 하나로 동화되어간다. 마치 청산에 자욱한 안개가 깔리니 무엇이 청산인지, 안개인지 구분이 되지 않는 것처럼 오늘 우리들의 삶이 바로 이와 같다.

달마 찬讚

서천西天의 이방인이여,
어찌하여 동진東進을 하였는가.
무엇을 얻기 위해 누구를 위해 그대는
그 길을 갈 수 있었나.

바다를 건너고 강물 위에 선 그대
영원한 생명의 화신이여,
무엇을 쫓고 무엇을 찾는가.
가고 가고 또 가고 돌고 돌아선
그 길은 시작도 끝도 없어라.

그대 달마여!
그대는 천년의 수기를 받아
만년晚年에 만년萬年을 향하고 있어
억겁億劫의 한恨을 홀로 짐 진 채
가고 가는 고행의 길은
그대 삶이자 생명의 시작이어라.

그대가 던진 그 꽃향기에 만겁萬劫의 업생業生이 놀라
양자강은 말랐고 북망산北邙山마저 무너뜨렸네.
그대 성스러운 달마, 구년면벽九年面壁이어라.

일심이문 一心二門

一眞如門 일진여문
一生滅門 일생멸문

한 마음에 두 가지 문이 있으니

하나는 진여 문이요,
하나는 생멸 문이다.

생멸을 떠난 마음도 없고
본심(청정심)을 떠난 마음도 없다.
고로 인간은 선과 악의 양면을 다 가지고 있나니.

〈기신론〉

인간의 탐욕貪慾과 인간의 무지無知가 인간을 파破하고 인생을 무너뜨
리고 그것이 인간을 경쟁하게 하고 그것이 선善과 악惡을 만들어낸다.

선이 한없이 좋은 것만은 아니다. 악이라 하여 한없이 나쁜 것만도 아

依二門 眞如門 生滅門

한 마음에 두 가지 문이 있으니 하나는
생멸문이요 하나는 진여문이라
생멸로 인한 마음을 없고 불러다운 면
마음도 없다 그로 인간은 선과 악의
양면을 다 가지고 있나니

佛洪 2547년 만의 하는해
參하을 양을 해가을 설악산 圓 想雲

니다.

한없는 선이 때론 악함을 유도하게 되고, 한없는 악이 때론 선을 일깨우기도 하기 때문이다.

무엇이 선이고 무엇이 악인가. 선이란 슬기로움, 악의가 없는 것, 한결같은 것, 측은지심惻隱之心을 내는 것이다. 악 또한 마찬가지다. 나를 위하여 상대를 불편하게 하는 것, 나만의 이익을 위하여 상대를 비참하게 하는 것이다.

앞서 언급한 것처럼 '무한의 선이 좋다고만 할 수 없다' 라는 말은 선 그 자체가 나쁘다는 말이 아니다.

인간은 이성을 가지고 있다. 하지만 때로는 이성을 잃을 때도 있고, 자기의 탐욕 때문에 이웃이나 남에게 엄청난 피해를 줄 수도 있다. 여기서 적당히 제재制裁를 가하는 것이 악이라 할 수 있는데, 이것은 악을 위한 악이 아니다. 바른 선으로 인도하기 위한 방편에 지나지 않는다.

한 예로 내 집에 찾아온 어떤 이웃이 있다고 하자.

그는 다른 사람과 다름이 없었다. 문제는 그가 다녀간 뒤였다. 그가 돌아간 후에는 반드시 사소한 물건이 없어졌다. 한동안 이런 일이 계속되었다. 그렇다고 그를 잡고 그 일에 대해서 캐묻기엔 너무도 사소한 일이라, 어찌해야 할지 고민되었다.

그러던 어느 날, 그가 다시 집으로 왔다. 역시 사소한 물건이 없어졌다. 그를 이해하려고 하다가도 또다시 생각하면 기분이 나빴다. 이럴 때 어떻게 해야 하나.

만약에 좋은 게 좋다, 또 나에게는 사소한 것들인데 그가 필요하니 가져갔겠지 하고 생각을 한다면, 그것은 선의 마음은 될지 몰라도 진정 그를 위해서는 도움이 되지 않는다.

진정 그 사람을 위하는 마음이 있다면 단호하고 냉정하게 그의 잘못을 지적하고 그런 행동이 옳지 못하다는 것을 말해주어야 한다. 만약 인정에 끌려 혹은 선의 마음만으로 아무말 하지 않는다면 그것은 그를 도와주는 것이 아니다. 그 사소한 일들이 받아들여지면 결국 어느 날 그가 큰 범죄를 저질러 패망하게 되기 때문이다.

필요악必要惡이란 말이 있다. 이럴 때는 적당한 악함이 그를 위해서 도움이 된다. 이러하기에 선이라고 영원한 선이 아니고, 악이라 하여 무조건 악한 것만은 아니다. 물론 악은 분명 악이지만.

고요한 밤 말없이 앉아

山堂靜夜座無言 산당정야좌무언
萬像森羅一切靜 만상삼라일체정

고요한 밤 산당에 말없이 앉아 있노라면
삼라만상 모든 것이 고요하기만 하구나.

밤이 멈춘 자리에
간간히 들려오는 휘파람새 소리
번뇌의 비늘을 떨쳐낸다.

소림 少林의 노자 老子가
한 떨기 숲에서 목을 내민 듯
찬 허공 가르는 기러기 벗으로

한 티끌 한 홀도 용납되지 못하는
공문 空門 속으로 공문 속으로

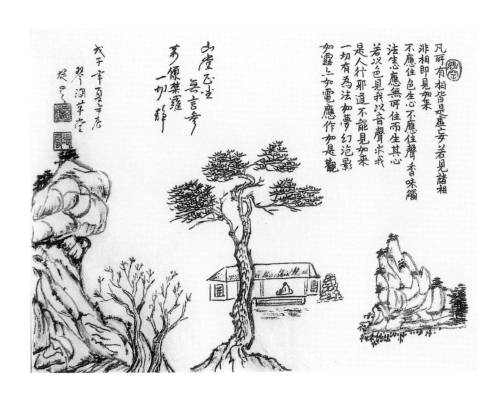

凡所有相皆是虛妄若見諸相
非相即見如來
不應住色生心不應住聲香味觸
法生心應無所住而生其心
若以色見我以音聲求我
是人行邪道不能見如來
一切有為法如夢幻泡影
如露亦如電應作如是觀

山虛空塵
無言參
華嚴藏羅
一切塵

戊子季夏�$\bar{s}$居
琴湖草堂
悠$\bar{s}$寫

놓아버려라, 놓아버려라.
*불사일법不捨一法 불사일법

하얀 밤이 다하도록
고요와 씨름하는 *삼무차별三無差別
하처何處에 구할 것이며 하처에 버릴 것인가.

본래 구할 것도 버릴 것도 없는데
무엇을 애써 찾나.

❀ **불사일법** : 무엇 하나도 버릴 것이 없다는 뜻.
❀ **삼무차별 심불중생** : 마음, 부처 중생이 다르지 않다는 뜻.

그대가 부처인데

부처도 중생도 하나인데
부처를 나누고 중생을 구별하니
딱하고 딱하다. 유정세계 업생業生들.
그대 진정 부처를 원하는가.
그대 몸속 똥 찌꺼기를 보라.
무엇이 더럽고 무엇이 깨끗한지
염정染淨은 없다.
*너의 여섯 신복六根이
보이는 것 모두 사량思量하고 분별하고
소리를 쫓아서 사량하고 분별하고
냄새를 따라 킁킁대기도 하다가
혓바닥 날름거리며 시다 짜다 하고
촉각으로 지옥 천당 내왕하다가
의식으로 분별해서 업業을 짓는다.

❋ **육근**: 우리 몸의 여섯 기관.

불식

不識 불식

알지 못한다.

알지 못한다.
알지 못한다.
오직 알 수 없을 뿐.
안다는 것
알음알이다.
알음알이 버리고
안다는 것을 내보여라.
세상에서 가장 어리석은 사람
안다는 사람이다.
무엇을 아는지 내보여라.
나는 오직 모를 뿐
안다는 생각 일으키면

도는 십만 팔천 리 달아난다.

안다는 것은 분별심이다. 여기서 진정 안다는 것은 분별이 끊어져 일체가 고요하였을 때를 말한다. 분별이 끊어지지 않으면 그것은 알음알이에 지나지 않는다. 알음알이가 무엇이냐, 마치 뜸이 들지 않아 설익은 밥과 같은 것이다.

원래 도라는 것은 드러나지 않으며, 뚜렷하고 진실하고 성성해서 한 홀도 어김이 없음을 이른다.

이 말의 근원은 달마가 *양무제를 만났을 때, 그가 달마에게 "지금 짐을 대하는 이가 누구냐?" 하고 물었던 데서 나온 말이다. 그때 달마가 "모른다不識"라고 했는데, 이 말을 두고 간혹 사람들이 '진정 몰라서 모른다 하지 않았겠는가' 따위의 말을 하지만 이는 안다, 모른다 하는 차원으로 받아들여서는 안 된다. 달마는 이미 양무제의 마음을 읽고 대답한 것이다. 여기서 그 마음이 뭐냐 한다면, 이것이 분별이고 알음알이고 나아가 망상에 지나지 않는다는 것이다.

불가는 수양하는 곳이다. 이곳에는 바로 마음을 가리키고 나아가 성품을 보고 깨닫는 것이지 그밖의 것들은 아무런 의미를 두지 않는다. 오죽하면 산문에 들어서는 문에 주련을 써 붙여 "이 문에 들어서는 순간 알음알이를 버려라 入此門內莫存知解"고 했겠는가.

❀ **무제** : 중국 남조 양나라의 초대황제. 50년간의 긴 통치중 후반에 불교에 많은 업적을 남김.

정도를 관하다

觀正道 관정도

정도를 보라.

정도를 가기 위해서는 먼저 원력을 세워야 하는데, 원력願力은 불가佛家에서 사용하는 용어로 부처에게 빌어 원하는 바를 이루려는 마음의 힘을 말한다.

'원력을 세워라' 는 말은 내가 하고자 하는 뜻을 길러 앞으로 나아가라는 뜻으로 이해할 수 있으며, 좀 더 쉽게 말을 한다면 '뜻을 세워라' 정도의 의미라고 보면 된다.

그렇지만 불가에서는 뜻을 세워라든가, 큰 뜻을 품으라는 말은 들어본 적이 없다. 그저 원력을 세워라, 원력을 크게 가져라 할 뿐이지 다른 말들은 거의 쓰지 않는다.

내가 처음 불문佛門에 들어왔을 때는 그 말이 큰 의미로 다가오지 않았던 것 같다. 그저 큰 목표를 정하라는 정도로 알아들었을 따름인데, 세월이 흐르고 보니 그게 그런 큰 의미가 있는 것이구나 하는 생각을 하

게 되었다.

사람은 누구나 세상에 태어날 때에 이미 자기가 먹을 녹을 가지고 태어난다는 말이 있다. 이것을 불교적으로 보면 전생의 인과로 인해서 금생에 주어진 환경대로 살아간다는 것이다. 이것이 딱 그렇다 아니다 논하기 전에 전생이란 지난 과거고, 그 과거를 점점 캐들어가면 전생이 되는 것이다.

전생을 믿든 안 믿든 불교는 전생을 바탕으로 한 종교다. 그래서 전생과 현생의 인과를 적절히 표현한 말이 있는데, "내가 전생의 일을 알고자 한다면 금생에 받은 과보果報를 보라欲知前生事 今生受者是" "내가 다음 생을 알고자 한다면 금생에 하는 짓을 보면 된다欲知來生事 今生作者是"라고 했다. 이 말의 진정한 의미는 현재 이 순간을 굉장하게 중요히 여긴다는 것이다.

'현재는 과거에 뿌린 씨앗의 결실인 동시에 다음來生의 수확을 위해 다시 씨를 뿌리는 때이기 때문이다.'

이렇듯 현재의 순간순간은 중요한 것이다. 원력이든 포부든 희망사항이든 무언가 목표가 있어야 한다. 목표란 항해를 하는 항해사에게 멀리서 빛나는 등대와 같다. 만약 등대가 없다면 항해사는 방향을 잡지 못해서 우왕좌왕하다 자칫 암초라도 만나면 참사를 겪게 되고 만다.

그렇다고 목적인 원력만을 세워놓고 그것을 향해 노력하지 않는 것은 마치 등대는 세워졌어도 깜박이는 불빛이 없는 것과 같다.

그러니 원력이라는 것은 사람의 한 생애에 있어 중요한 것이고 또한 이 원력을 위해서 나아가는 노력은 더욱 중요하다.

물론 원력을 세웠다 해서 반드시 다 이룰 수는 없다. 그러나 스스로 정한 목적지를 향해 가는 것만으로도 무척이나 아름다운 것이 아닐까? 삶이란 무엇인가 할 수 있을 때 보람을 느끼고, 보람을 느껴야만 삶의 가치를 가질 수 있는 것이다.

그러므로 보람을 느끼고 가치를 가질 수 있는 그것이 곧 정도가 된다. 이에 반하는 것이라면 바른 생각이 아니다. 그 어떤 것을 이루었더라도 그것은 보람이 아니라 부끄러운 것에 지나지 않는다.

그대는 보았는가?

君不見 군불견

絶學無爲閑道人 절학무위한도인

不除妄想不求眞 부제망상불구진

無明實性卽佛性 무명실성즉불성

幻化空身卽法身 환화공신즉법신

그대는 보지 못하였는가?

배움이 끊어진 한가한 도인

망상 없애려거나 진리 구하려 하지 않아

무명의 실성이 곧 불성이라

아지랑이 같은 헛된 몸, 곧 법신일세.

〈증도가 초구〉

걸림이 없어라, 걸림이 없어라, 바람에 그물처럼,

원효가 일찍이 말하지 않았던가?

一切無碍人 一道出生死 일체무애인 일도출생사
"일체에 걸림이 없는 사람, 단박에 생사를 넘는다."

걸림 없는 한갓진 사람 망상도 뛰어넘고 진리도 넘보지 않아
본시 검은 것이 검은 것이 아니고, 밝은 것 또한 밝은 것이 아닐세라.
밝고 어두운 것, 안식眼識의 분별에서 나오는 것이요,
시다 짜다 어떻다는 것 모두가 혓바닥 놀음인 것.
이것저것 다 초월하면 무명이 불성이요, 불성이 무명과 다르지 않음
을 단박에 알리라.

소는 유유히 목초를 뜯고, 목동은 피리 부네.
개울가에는 버들강아지가 개선가를 부르고
이 산 저 산마다 분장 준비에
대지는 손님 맞을 채비를 한다.
한 벌 거죽 옷 괄시하지 마라.
이 옷 벗어던질 때쯤 후회막급이려니.

나, 고기

고기 한 마리 구해다
부처 품에 안겨
나도 그 속에 끼었다.

고기 눈알 뒤집었더니
내 속이 훤히 보이네.
따라서 비늘도 웃는다.

고기가 말을 한다.
"네 비늘이 얼마 만큼이냐?"
세는 만큼 떨어지는 것이 있을까?

말길이 끊어지고 고기도 없다.
비늘이 있을까보냐.

jewoon
10.15.2003

다섯 잎사귀

吾本來此土 傳法救迷情 오본래차토 전법구미정
一花開五葉 結果自然性 일화개오엽 결과자연성

내가 이 땅에 온 것은 법을 전하고 미정을 구하기 위함이요,
한 꽃에 다섯 잎사귀 피니, 결과는 자연 이루어지리라.

그랬다. 그는 미정迷情을 구제하기 위해 바다 건너 중국 땅으로 들어왔다. 먼저 불심천자라는 칭호가 붙을 정도로 불사佛事를 많이 하고 있는 황제를 대하고는 "불식不識"이라는 한마디 말만 남긴 채 가버렸지만, 그는 불법의 오묘함을 보였다고 할 수 있다.

그 길로 곧바로 양자강을 신통으로 건너면서 인연 있는 모든 이에게 불법의 오묘함을 보였다. 어느 때는 선 채로, 어느 때는 앉으며 북쪽 소림에서 구년면벽九年面壁한 이야기는 너무도 유명하다.

말없이 앉아 벽만 쳐다보면서 어떻게 그 많은 미정을 대할 수 있었으며, 그들을 깨우칠 수 있었을까? 그런 그것이 그의 법력法力이 아닐까. 그는 불교의 창시자이신 석가모니 이후 가섭과 그의 스승 *반야다라존

一花開五葉 結果自然成
吾本來茲土 傳法救迷情

敎外別傳 不立文字
直指人心 見性成佛

翠巖孟夏 三角山人 堤書

자의 뒤를 이어 중국 땅에 머물며 해동의 초조初祖이자 불타 이후 28조의 혜맥慧脈을 이은 조사가 된다.

그가 당시 중국 땅을 밟았을 때는 과거 *제자백가諸子百家가 남긴 흔적이 깔려 있었으며, 그로 인해 도학道學(도교)까지 성창盛昌해서 문자와 구두선口頭禪이 판을 치고 있었다. 불교의 *대승경전大乘經典까지 불교의 본질로 받아들이는 그런 사회가 그로 하여금 9년이라는 긴 침묵을 낳게 했던 것이다.

그리하여 그는 불립문자不立文字를 외치게 되었고 그의 혜맥을 전수할 수 있었다. 그런 가운데 혜가에게 법을 전수하면서 의발衣鉢과 경책 *〈능가경〉을 전했는데, 그가 외치는 불립문자와는 거리가 있다. 이것은 불법이 문자에만 있는 것은 아니지만 또한 문자를 버릴 수도 없다는 것을 보이는 것이다.

❀ **반야다라존자**(?~457) ; 동인도 사람. 종성은 바라문. 어릴 때 부모를 잃었다.
　서천 26대 조사 불여밀다에게 법을 받고 곧장 남인도 향지왕을 비롯하여 많은 교화를
　했다. 뒤에 달마가 그의 법을 이었다.
❀ **제자백가** ; 춘추전국시대 사회적 혼란과 무질서 속에서 등장한 무수한 사상가들.
　그 중에서 공자의 유가가 가장 먼저 일어나서 인仁의 교의를 수립하였고, 그 다음으로
　묵적이 겸애兼愛를 주창하여 묵가를 일으켰으며, 이윽고 노자 · 장자 등의 도가와
　기타 제파가 나타나서 사상계는 극히 활발한 상황을 나타냈다.
❀ **대승경전** ; 석가모니 멸 후 대승운동이 일어나면서 편찬된 대승사상의 여러 경전 중에
　〈금강경〉〈화엄경〉〈법화경〉〈지장경〉〈미타경〉 등이 이에 속한다.
❀ **〈능가경〉** ; 반야, 법화, 화엄 등 대승경전에 나오는 여러 가지 사상이 종합 · 정리되어
　있는데 특히 오법五法, 삼성三性, 팔식八識, 이무아二無我이며 여래장 계통의 논서인
　〈대승기신론〉은 이 경전의 내용에 주로 근거하였다. 중국 번역본 3종류가 있는데
　4권으로 된 '구나발타라' 역본, 10권 18품으로 된 '보리유지' 역본,
　7권 10품으로 된 '실차난타' 역본이 전해 내려오며 산스크리트 원본도 전해진다.

마음 밖에서 구하지 마라

心外莫求 심외막구
心一切生 破一切 심일체생 파일체
心是生 淸淨 심시생 청정
心是作 惡業 심시작 악업
從心作用 종심작용
大得結實 대득결실

마음 밖에서 구하지 마라.
마음은 일체 생성하고 일체를 파한다.
마음은 청정함을 내고
마음은 악업을 짓기도 한다.
마음 따라 씀을 잘하면
크게 결실을 얻으리라.

마음은 깨끗하지도 더럽지도 않다. 마치 맑은 물과 같아서 깨끗함이
든 더러움이든, 다 같이 수용한다. 또한 거울과 같아서 검은 것이 오면

心是生
清淨
心是作惡
從心作佛
大海絡絕

心外莫步
心一切生 破一切

羍未仲夏
三角山人
焕雨己

검은 대로 붉은 것이 오면 붉은 대로 드러낼 뿐이다.

고요하고 고요함이
작은 망념의 티끌로 살아나
실체 없는 아지랑이가 되어

산이 열릴 때 산과 하나로 하얗게 피고
물이 길을 가를 때 길을 따라 나선다.

없는 듯 있는 듯 물이 되고 바람이 되어
가로등 앞에 서성이다 휙 돌아서
오욕五慾 나무 그늘 지으며
우리들 그림자되어 서성이다
어느 땐 고삐 풀린 망아지가 되어
뛰는 대로 가는 대로 서는 대로
멈칫거리다 다시 살며시 웃는다.

마음을 떠나 부처도 중생도 없다

離心無佛衆生 이심무불중생
事事物物唯心 사사물물유심

마음을 떠나 부처도 중생도 없나니
일마다 경계마다 오직 마음이라네.

마음은 모든 유정有情의 근본이며, 마음을 떠나면 부처도 중생도 없다. 오직 마음만이 오롯할 뿐이다. 달마 〈혈맥론血脈論〉에 의하면 "앞의 부처님이나 뒤의 부처님이나 마음을 말한다. 마음이 곧 부처요, 부처가 곧 마음이다. 만약 마음 밖에 달리 부처가 있다면 그곳이 어디냐?前佛後佛只言其心心卽是佛佛卽是心若有心外佛佛在何處"

마음이란 손발이 없어도 모든 것을 가능하게 하고 모든 것을 파괴하게 한다. 그러므로 마음을 잘 다스리면 일체를 다스리게 된다. 마치 그물의 망과 같고 옷의 깃과 같아서 망網없는 그물을 생각할 수 없고, 깃만 반듯하게 잡으면 옷이 바로 서는 것과 같다. 〈제법집요경諸法集要經〉에 의하면 "마음에 의해 온갖 존재現象를 만들고, 마음에 의해 과果를 초

래하는 것인 바 그 마음은 인연을 따라 생기生起한다."

그러므로 마음의 작용作用이 중요한데 작용이란 어떻게 마음을 쓰느냐 하는 것이다. 가령 우리의 마음은 넓은 정원과도 같아서 어떻게 정원을 잘 가꿀 것이냐 하는 것이다.

우선 정원을 잘 가꾸기 위해서는 정원석의 배치가 중요하다. 자칫 잘못 배치하게 된다면 아름다운 정원석이 돌무덤으로 변해버릴 수도 있는 것이다. 따라서 정원석을 세울 때 하나하나에 세밀한 계획이 필요하듯 우리의 삶도 계획을 잘 세울 필요가 있다.

늘 느끼는 일이지만 큰 것을 구하고자 하는 사람은 투자를 아껴서는 안 된다. 이것은 강가에서 고기를 낚을 때, 큰 고기를 잡고자 하는 사람이 먼저 고기를 유인하는 먹이를 푸는 것과 같은 이치다.

우선 '얻기 위해서' '살기 위해서'는 버려야 한다. 버리지 못하는 사람은 얻을 수도 없다. 다 버릴 수 있어야 한다. 취하기 전에 버리는 것부터 배워야 한다. 하지만 버리는 것이 그냥 없어지고 사라지는 것을 의미하는 것은 아니다. 우리의 주변에서 흔히 보지만 큰 사업을 성취하는 사람들을 자세히 들여다 보면, 그들은 하나의 공통점을 가지고 있다. 바로 자신이 가지고 있는 것을 남에게 나눠주는 나눔의 미덕이다.

한 경지 위에

飯來開口 睡來合眼 반래개구 수래합안

밥이 오면 밥 먹고 졸리면 잔다.

〈*야부 송〉

---

*태고太古스님의 어록엔 공부를 하다가 주리면 먹고, 졸리면 두 다리 쭉 뻗어서 실컷 자라는 말이 나오는데, 이 글은 〈금강경〉 '오가해五家解' 에 나오는 야부스님의 게송이다.

야부스님과 태고스님의 공통점은 의식주에 걸림이 없다는 것이다. 의식주뿐만 아니라 행주좌와行住坐臥 어묵동정語黙動定에 있어서도 걸림이 없다.

처음에 모든 것이 새롭게 다가오면 그것으로 해서 두리번거리다가 조금 시간이 지나면 부정하기 시작한다. 산을 보면서 '산이, 산이 아니다' 라는 관점으로 보다가 어느 시점에 들어서면 바로 보기 시작하는데, 바로 본다는 것은 특별한 것이 아니다. 흰색은 흰색으로 보고 검은 색은 검게 보는 것이다. 여기서 더 나아가면, 검다 희다 하는 생각까지 다 초

飯來開口
睡來合眼

佛紀二千五百四拾七年
癸未仲秋 三角山莊 塔翁
[印]
[印]

월한다. 이 정도가 되면 그때야 비로소 도의 문턱에 들게 된다. 그러하니 차문此門(불가)에서 수행한다는 것이 얼마나 힘이 들겠나? 말이 쉬워 '잠 오면 자고, 배고프면 먹는다'라고 할 수 있을지는 몰라도 먹고, 자고, 쉬고, 눕고 싶으면 눕고 한다는 것은 가히 한 경지를 얻지 않고는 어려운 일이다.

길을 가다 아름다운 여인을 보았다. 중생심에 가득한 사람은 분별하다가 끝내는 괴로움에 빠지게 된다. 하지만 한 경지를 넘은 사람은 괴로워하거나 번민할 일이 없다. 왜냐, 여자를 여자로 보지 않을 수 있기 때문이다.

이렇듯 공부의 힘은 대단하다. 우리들의 삶도 마찬가지다. 한 생각 쉴 줄만 알아도 아무런 일이 없을 것을, 한 생각 쉬지 못해 엄청난 일을 저지르게 된다. 생각을 쉬어야 할 때 쉴 줄 알고, 일으켜야 할 때 일으킬 줄 안다면 그는 대장부요, 여걸인 것이다.

생각으로 안 되거나 못할 일은 아무것도 없다. 이런 정도는 누구나 다 공감할 것이다. 그래서 부처님께서는 "전쟁에 나가 천만 군을 이기는 것이 자신을 이기는 것보다 못하다"고 했다. 이 말은 전쟁에서 이긴 장수나 병사를 무시하는 것이 아니라, 자신을 다스리는 것이 그만큼 힘들다는 것을 의미한다.

❋ **야부** : 속성은 추 씨요, 이름은 삼三이다. 송나라 사람. 도겸선사로부터 도천道川이라는 호를 받았고, 정인계성淨因繼成으로부터 인가를 받아 임제의 6세손이 되었다.

❋ **태고 보우** : 고려 말엽 스님. 경기도 홍주 양근군(지금의 남양주)에서 태어나 회암사로 출가. 석옥청공石屋淸珙선사에게 법을 이었다. 저서로는 〈태고집〉 등이 있다. 현재 조계종 중흥조로 추존.

생각 밖

念外念作 염외염작
物外物見 물외물견

생각 밖에 생각을 하고
물질 밖에 물질을 보라.

'생각 밖에 생각을 하고 물질 밖에 물질을 보라'는 것은 안목을 넓히라는 의미다. 목전의 물질에만 집착해서는 안 된다는 것이다. 이것은 운전을 할 때 멀리 보면서 운전을 해야 하는 것과도 같다.

산에 앉아 도를 구함에서도 마찬가지다. 일상이 여여해야 하는 것처럼 공부도 그렇게 해야 한다. 그렇지 않고 우선 결과만 빨리 얻겠다는 생각으로 공부를 한다면 그 공부의 결과는 너무 협소해서 마치 뾰족한 송곳을 사용해서 얻은 구멍과도 같다.

또 어떤 사람은 빠른 결과를 얻기 위해서 너무 지나치게 그것에 집착하는 수도 있다. 만약에 수행자가 그렇게 공부를 한다면 곧 상기上氣가 되어 병을 얻게 될 것이다.

念外念作　物外
物見

그러기에 물질을 봄에 물질을 넘어서 볼 수 있어야 하고, 생각을 하되 생각을 넘어선 생각을 해야 한다는 것이다.

세상은 그저 주어지는 것도 없고 그저 주어졌어도 안 되는 것이다. 땀 흘린 밥이 맛이 있듯, 어렵게 얻어야 어려운 만큼의 가치를 알 수 있다. 어려움을 겪지 않은 결과는 물거품처럼 사라지고 만다. 그러니 쉬운 것, 편한 것을 너무 좋아하지 마라. 쉬운 만큼 그 가치는 없다.

세상은 공평하다.

세상을 탓하려 들지 마라. 세상을 탓하려 들기 전에 먼저 자기를 보라. 나는 어떻게 왔으며, 어떻게 가야 하나를 생각해보라. 돈 많은 게 부러운가? 돈, 돈은 쓰는 사람이 임자다. 쓰되 어떻게 쓰느냐, 이것이 중요하다. 과연 그대에게 거금이 생긴다면 그것을 제대로 쓸 수 있겠나? 큰돈 만지는 사람 큰 생각으로 살았다고 본다. 적어도 물질 밖에 물질을 본 사람이라야 큰 물질을 얻을 수 있다.

생각해보라. 돈이 급하다고 땅바닥에 눈을 붙이고 돈을 찾는다면 돈을 얻을 수 있겠나? 큰돈을 쥐는 사람치고, 큰 생각으로 일을 크게 하지 않은 사람은 거의 없다. 그렇다고 복권 한 장 당첨되어 힘들이지 않고 큰돈을 번 사람이 큰돈 어떻고를 운운한다면, 나는 그것을 큰돈이라 말하지 않겠다.

큰돈이란 불의하게 얻은 돈이나 노력 없이 얻은 그런 돈을 말하는 것이 아니다.

정좌 靜座

松下靜坐意 송하정좌의
時會大衆幾得知 시회대중기득지

소나무 고요히 앉은 뜻
오늘 모인 사람들 얼마나 알까보냐.

솔향기 그윽한 곳에 솔잎으로 방석 삼아, 잠시 앉아 있노라면 솔향기에 취해 화두話頭가 성성惺惺하건 안 하건, *삼매三昧마저 관계치 않는다.

그저 바람이 불어와 솔향기가 코끝을 지나면 향기 듬뿍 들이켜고, 그냥 지나치면 지나는 대로 한 생각 쉬어가니, 몸마저 쉬어 가는데 누가 있어 내 앞을 막을쏘냐? *취모검吹毛劍을 들고 *금강金剛이 춤을 춘다한들 두렵지 않아, 삼세의 부처님과 이역異域의 *조사祖師도 나를 어쩌지는 못하리라.

*공전空前에는 한 홀도 용납되지 않아서 어느 때는 수미산을 오르고 어느 때는 대해大海를 들이켠다.

다만 미혹의 그물이 널리 너무 커서, 어느 때는 거두려 하나 거두지 못하고, 어느 때는 주어도 보지 못하니 안타까움에 개울에서 고래를 구하고, 바다에서 사슴뿔을 찾는다.

밝기로는 태양 같고, 어둡기로는 칠흑인데, 늘 상용하는 가운데 있으나 이것을 받아쓰지 못하니 어느 때는 주먹을 보이고 어느 때는 춤을 춘다. 때는 좋아 춘삼월인데 제비가 물을 떠나 하늘 높이 솟았고, 백천의 나비가 북치면서 고향을 찾누나.

❀ **삼매** : 산스크리트어로 Samadi의 음역. 정定. 마음이 고요해 흔들림이 없는 상태.
❀ **취모검** : 아주 예리한 칼로서 칼 위에 머리카락을 올려놓고 불면 그것이 잘린다는 뜻으로, 문수보살의 지혜에 비유.
❀ **금강** : 금강역사를 칭함.
❀ **이역의 조사** : 달마대사를 칭함.
❀ **공전** : 공은 불가를 뜻함으로, 공문空門과 같은 뜻.

부처와 중생

上求菩提 상구보리
下化衆生 하화중생

위로는 보리를 구하고
아래로는 중생을 교화한다.

───────────────────────────────

석釋 씨 문에서는 오직 깨달음을 구할 뿐이다.
중생은 누구며, 부처는 누구냐.
중생과 부처가 본시 하나다.
다만 분별해서 알지 못함이
부처와 중생으로 구분이 되어진다.

미迷와 오悟는 한통속인데,
'미'는 스스로의 거울을 보지 못해서
밖으로 찾아나서는 것이고,
'오'는 스스로의 거울을 안으로 찾아

가지가지 영롱한 구슬을 만들어낸다.

"성스러운 제일의 진리가 무엇입니까?"
양무제의 물음에
"확연한데 무엇이 성스럽다 하겠습니까?"
이렇게 답한 달마의 모습이
맑고 잔잔한 물위로 일렁이는 듯하다.

본래 맑고 탁함은 없다 不垢不淨.
인간의 심성心性은 본래 순백이어서
붉은 것이 오면 붉게 물들고 푸른 것이 오면 푸르게 물든다.

만법은 오직 마음이다

萬法唯心 만법유심
不可說 不可說 識也 불가설 불가설 식야

모든 것은 오직 마음이다.
말로 할 수 없다. 말로 할 수 없다. 알겠는가?

　모든 존재하는 양상은 마음에서 비롯하고, 마음으로 음미하며, 마음에서 인정하나니 이 마음이 무엇인가? 마음을 찾아 길 떠난 이가 동서고금, 과거 현재 미래를 두고 그 얼마였던가?

　일찍이 원효는 "일체가 오직 마음이다 一切唯心造"라고 하지 않았던가. "물음의 대상이 되고 있는 마음은 마음의 그림자 내지 개념화된 그것이며, 마음 자체는 그 대상에서 몸을 돌려 도리어 묻는 자가 되어 있다. 그러므로 마음은 어떤 모양으로도 포착되지 않는 것이라야 하고, 구태여 말하자면 무無라고 할 수밖에 표현할 길이 없을 것이다.

　마음을 어떤 형태로든 유有라 가상한다면, 그것은 인식의 대상이 될 수 있고 포착이 가능해진다. 그러나 그 같은 마음은 일체의 것을 인식할

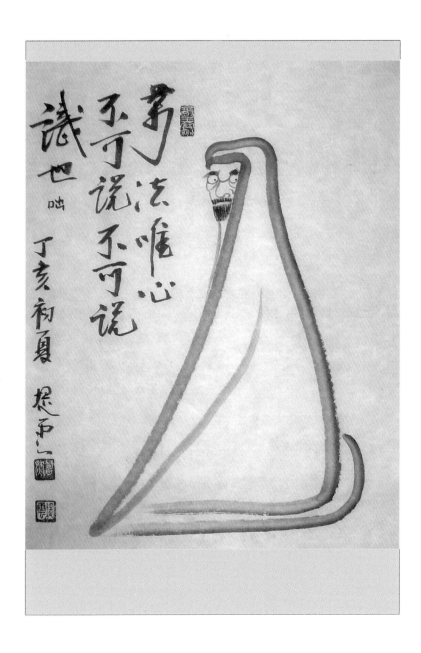

수 없으며, 형태 있는 그릇이 물건을 수용하는 데 있어서 제한받는 결과와 같다.

〈유마경〉에 '마음의 모습心相'은 공空하다 했다. 또 이르길 "안에도 없고, 밖에도 없으며, 중간에도 없다" 하였다.

*〈기신론〉에서의 마음은 두 가지로 들 수 있는데, 하나는 '진여문眞如門'이요, 하나는 '생멸문生滅門'이다.

'진여'는 마치 금과도 같아서 온갖 더러움에 섞여서도 그것이 가지고 있는 성질은 변함이 없다. 그러하므로 인간의 본심 가운데는, 즉 청정한 마음을 지니고 있다는 것이다. 이것은 거짓이 없는 진실된 마음이니, 세상에 갓 나온 어린아이가 좋다 나쁘다 분별 않고 보이는 대로 집고, 보이는 대로 받아들이는 것과도 같다.

하나는 '생멸문'이니, 어느 때는 선한 마음, 즉 청정한 마음을 내고, 어느 때는 분별하며 악하고 간사한 마음을 내니, 원효의 '유식관唯識觀'으로 보면 *장식藏識으로서 이것은 선하지도 않고 악하지도 않다고 볼 수 있다. 왜냐하면 선악을 분별하지 않고 다 받아들여 곳간에 채우기 때문이다. 이것이 반연反緣에 따라 선도 악도 내기 때문이다. 고로 장식은 마음이고 마음은 장식이니, 마음이란 선도 악도 아닌 것이다.

※ 〈기신론〉 : 인도 승려 마명馬鳴의 저술 〈경률론經律論〉 중, 론에 해당된다.
※ 장식 : 육근六根으로부터 그 대상色聲香味觸法을 최종적으로 저장하여 분별하는 곳.

청정한 본심

山河大地 本淸淨 산하대지 본청정
如是本心淸淨處處佛 여시본심청정처처불
無非佛供 무비불공

산하대지가 본시 청정하다.
너의 본심 깨끗하면 가는 곳마다 부처님이 계시고
다 불공이 된다.

산 빛이 고우니 부처의 모습이요,
맑고 잔잔한 호수를 보니 부처의 마음이요,
기암괴석의 솟구친 모습이 부처의 지혜로다.

일찍이 소동파는 개울가에 물 흐르는 소리를 듣고 마음 문이 열렸다.

溪聲便是廣長說 계성편시광장설
山色豈非淸淨身 산색기비청정신

山河大地
不清淨
汝是
本心
清淨
處々佛
無非佛供

三角山人 探華
[印]

夜來八萬四千偈 야래 팔만 사천 게

他日如何舉似人 타일 여 하거 사인

시냇물 소리 부처님의 장광한 설법이요,

산 빛은 청정한 법신일세.

밤새 팔만사천 게송을 외우니

다른 날 어떻게 남에게 보이리오.

같은 물질을 보고도 달리 판단할 수 있고, 같은 소리를 듣고도 달리 해석할 수도 있다. 이는 똥이 사람에게는 더러운 것으로 여기지만 개에게는 더러운 것이 아니라, 바로 밥이 되는 것과 같다.

근세 우리나라 불교의 대표적인 학승이자 선승인 *탄허呑虛 스님은 흐르는 물소리를 중생의 고달픈 소리로 보았다.

"흐르는 물소리 밤에도 쉼 없구나流水聲聲夜不休."

그러니까 '어떤 환경이냐'가 아니라 '어떤 환경에서 받아들이느냐' 이것이 중요한 것이다. 똑같은 환경에서 소동파는 팔만사천 법문을 꿰뚫었는 데 반하여 탄허는 중생의 아픔으로 받아들이니, 환경이 부동不動의 청산靑山이라면 그것을 받아들이는 대상은 마치 실체 없는 바람이 되고 흐르는 물이 되고, 모이고 흩어지는 구름이 될 뿐이다.

❋ **탄허** : 속명은 김금택 호는 탄허. 법명은 탁성. 전라북도 김제 출신.
〈화엄합론〉을 포함한 불교의 여러 경전들의 번역 및 주해를 달았다.

한 경지를 얻다

一切事始一境界 일체 사 시 일 경 계
越一境地始等佛神仙 월 일 경 지 시 등 불 신 선
故一切事 萬事如意 고 일 체 사 만 사 여 의

일체의 일은 한 경계에서 비롯하나니
한 경지를 뛰어넘으면
부처와 신선이 같음이야.
그런 까닭에 일체의 일들이 뜻과 같음이여.

시작은 작은 것에서 비롯되지만 그 결과는 끝이 없다.
한 경지를 뛰어넘으면 부처와 신선이 다르지 않고
너다, 나다 하는 구분이 없어진다.

봄비는 봄에 내리고
가을 연못에는 물이 맑다.

一切事光 一境界
越一境地
如等
佛
神仙
坡
一切事
菜事
如意

개구리 눈 뜨는 소식에
봄 개울 물소리 더욱 성성해서
도롱뇽 잔치에 두꺼비 찾아들고

남산에 구름 인다고 하니
북산에 비 떨어지는 소식 전해와

도롱뇽 잔치에 두꺼비 찾아들고
멀리서 들려오는 진군소리 천지를 울려
목동은 고삐 놓고 피리만 부네.

마음 달빛

心月光 萬古 至今 심월광 만고 지금
色身塔 變壞 至今 색신탑 변괴 지금

마음 달빛이 예부터 지금에 이르렀고
색신 탑은 변하고 부서져 지금에 이르나니.

마음달이 무엇인가. 마음달이란 청정하고 변함없는 우리의 마음자리를 말한다. 마음자리는 고금 불변이다. 다만 환경에 따라 마음씀이 다를 뿐, 그 근원은 달라질 수 없다.

춘추전국시대의 마음이나 오늘날의 마음이나 다르지 않은 것, 그때의 심정과 생각, 교육관이 어찌 지금과 다르겠는가? 그러기에 본시 청정한 마음을 가지고 세상에 나왔으니 청정한 그 마음을 잘 간직해야 할 것이다.

절 마당에 들어서면 먼저 반기는 것이 탑이다. 탑이 무엇인가. 탑이라 하면 수없는 시간 속에서도 변하지 않는 영원한 그 모습이요, 그 자리를

心月光苦香重今
色身塔盡壞更今

佛滅後二五四七年仲秋

三角山沙門 堤雲

지키는 성스러운 대상이 아닌가. 그것이 성스럽게 받아들여지고 참배의 대상이 되는 것은 탑 속에 무엇이 들어 있나 하는 것도 중요하지만, 탑을 하나 세우는 데 예나 지금이나 엄청난 공력이 들어가기 때문이다.

사람들이 탑을 세울 때 정성을 들여 시주를 하는 것은 탑이라는 영원성에 스스로의 흔적을 남기려 하는 마음 때문이다. 그렇다고 부처님을 섬기는 불자들이 자기를 내세우는 상相 때문만은 아니다. 상이라 함은 내가 누구니, 내가 무엇을 하였느니 하는 것들인데, 그보다 앞서 "내가 이 땅에 와서 무엇을 남길 수 있을까?" 하는 도덕道德에 기인하는 것으로 봐야 한다.

그래서 탑을 세우는 데 동참하는 모든 사람들은 그 무엇보다 간절한 정성을 드리는 것을 알 수 있다.

爲度迷情東進 위도미정동진

一切眾生有佛性 일체중생유불성
迷卽眾生悟卽佛 미즉중생오즉불

미정을 위해 동쪽으로 향했다.

일체 중생 누구나 불성이 있다.
미혹하면 중생이요, 깨달으면 부처다.

3부

길에서 길을 묻다

자화

道尋道 家求家 其何 도심도 가구가 기하
進進遠路 진진원로
我與人性 狹狹故 아여인성 협협고
今日自畵 금일자화
明燈吾心 명등오심

길에서 길을 찾고 집에서 집을 구하기 그 얼마였던가.
나아가려 하면 할수록 길은 멀어지고,
나와 함께 사람들의 심성이 조여들기만 하니
그러한 까닭에 오늘 스스로 자화를 그려
마음 등불을 밝힐까 하노라.

길에서 길을 찾는다. 허허롭다.
길에서 길을 찾는다는 것, 어리석은 놈.
하지만 길에서 길을 묻는다.
인간이란 늘 불안해서 빤한 일 같아도 늘 묻곤 한다.

道尋道家本家 其何進之遠路
我兴人性独々及今日自画作 明心燈
癸未仲夏 三角山 沙門 堤耘

이것 역시 우스운 소리다.

인간이란 남녀고하를 막론하고 늘 불안하다.

완전하지 못하기 때문이다.

그래서 나는 늘 말하기를,

행복한 사람, 도가 없다 無道幸人.

행복한 사람, 진리가 없다 無理幸人.

행복한 사람, 종교도 없다 無敎幸人.

행복하면 그대로가 도인데, 무엇하러 도를 구하려 애를 쓰겠나?

도를 구한다는 것, 궁극은 행복인데 무엇을 더 구하고 바라겠나?

진리도 마찬가지다. 진리의 궁극이 무엇인가. 행복해지는 것이라고 말을 한다면 결코 틀린 말이 아니다.

종교도 마찬가지다. 내가 만약 행복했다면 나는 결코 출가하지 않았을 것이다. 나 자신뿐만 아니라 그 어떤 신분의 사람도 다 같다. 돈 있다고 행복하다 할 수 없으며, 직위가 높다고 행복할 수 없으며, 거꾸로 가난하다고 다 불행한 것도 아니다. 만약 가난하다고 다 불행하다면 그런 사람은 일찍이 출가라도 했어야 할 것이다. 그러기에 행복이나 불행은 가난과 부, 그 어떤 형태에 따라 정해질 수 없다.

보라! 부처가 일찍이 출가를 했는데, 그는 당시 사랑하는 아들이 있었고 사랑하는 부인이 있었다. 뿐만 아니라 차후 왕위를 계승해야 하는 태자의 몸이었다. 궁중에는 마음이 우울할 때에 마음을 편하게 해주는 그런 사람도 있었다. 그리고 수많은 궁녀들이 태자의 사랑을 받고자 목매어 기다리고 있었다. 그런 그가 출가를 할 수밖에 없었던 것은 그의 마음이 행복하지 않았기 때문이다.

그러해서 행복이란 기준이 있을 수 없다.

예를 들자면 돈이 없는 사람은 적당한 돈이 있으면 행복하리라는 생각을 한다. 하지만 돈 있는 사람 다 행복하다고 여길 수 있는가?

머문 바 없이 마음을 내다

凡所有相皆是虛妄 若見諸相非相 卽見如來

범소유상개시허망 약견제상비상 즉견여래

있는 바 모든 상은 허망해서 만약 모든 상을 상이 아닌 줄 보면 곧 여래를 본다.

不應住色生心 不應住聲香味觸法生心 應無所住而生其心

불응주색생심 불응주성향미촉법생심 응무소주이생기심

형태에 집착해서 마음을 내지 말고 소리와 향기, 맛, 촉감, 법에 집착해서 마음을 내지 말고 마땅히 머문 바 없이 마음을 낼지니라.

若以色見我 以音聲求我 是人行邪道 不能見如來

약이색견아 이음성구아 시인행사도 불능견여래

만약 형태로 나를 보려거나 음성으로서 나를 구함은
이는 헛된 도를 행하는 것이고, 능히 여래를 보지 못하느니라.

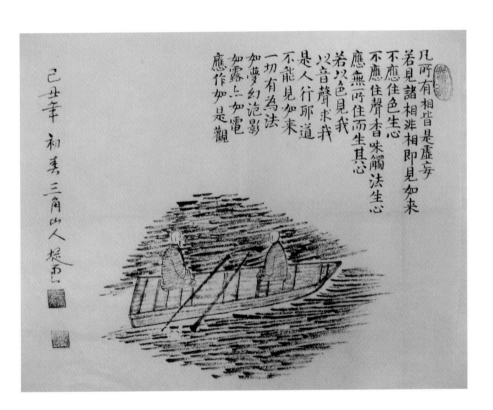

凡所有相皆是虛妄
若見諸相非相即見如來
不應住色生心
不應住聲香味觸法生心
應無所住而生其心
若以色見我
以音聲求我
是人行邪道
不能見如來
一切有為法
如夢幻泡影
如露亦如電
應作如是觀

己丑年 初春 三角山人 ??

一切有爲法 如夢幻泡影 如露亦如電 應作如是觀
일체유위법 여몽환포영 여로역여전 응작여시관

존재하는 모든 것 꿈 같고 환 같고 물거품 같고 그림자 같아서
마치 이슬과도 같고 번개와도 같다.
마땅히 이와 같이 지어 관할지니라.

'사구게四句偈'라 하면 *〈금강경〉을 떠올리고, 〈금강경〉 하면 사구게
다. 그것은 사구게가 그만큼 〈금강경〉의 핵심을 지니고 있기 때문이다.
　그래서 먼저 상을 들 수 있는데, 상이 무엇인가. 상이란 실체보다는
드러나는 형태적인 것을 말한다. 형태란 근원적으로 영원할 수가 없기
때문에 그것에 현혹되면 마치 눈 먼 사람이 구렁텅이에 떨어지기 쉬운
것과 같다. 그래서 상을 보되 상이, 상이 아닌 줄 보라고 하면서 용심
應無所住而生其心을 강조한다. 또한 모든 존재하는 양상은 마치 꿈 같고
번개 같고 물거품 같다고 했다. 그러기에 유위현상有爲現像의 무상함을
강조한다고 할 수 있다.
　〈금강경〉의 한 단면을 잘 보여주는 내용이 있다. 〈금강경〉에 '과거심
불가득過去心不可得 현재심불가득現在心不可得 미래심불가득未來心不可得'
이라는 대목이 있는데, 이 말은 과거의 마음도 얻을 수 없고, 현재의 마
음도 얻을 수 없으며, 미래의 마음도 얻을 수 없다는 말이다.
　중국 당나라 때 '주금강周金剛'이라 불릴 만큼 〈금강경〉에 뛰어난 스

님이 있었다. 법명이 *덕산德山이니 덕산스님이라 부르기도 하겠지만, 성이 주 씨인지라 〈금강경〉에 두루 통했다 하여 사람들이 '주금강'이라고 불렀던 것이다.

어느 날 덕산스님이 바랑에 〈금강경소金剛經疏〉를 넣고 길을 떠나는데, 당시 선종에서는 '불립문자不立文字 견성성불見性成佛'을 내세워 경학經學을 무시하고 있었다. 이에 덕산스님은 "부처님 제자들이 부처님의 말씀을 무시하고 무슨 견성성불을 하겠다고 하느냐?"며 내가 그들과 한 번 공부를 시험해봐야겠다는 생각에, 선禪의 주류인 남쪽으로 가던 길이었다.

여러 달을 여행하여 풍주에 이르러 점심공양을 하려는데, 마침 어느 노파가 떡을 팔고 있었다. 덕산스님이 떡을 좀 사려고 하니 노파가 스님을 쳐다보며 물었다.

"떡을 사서 뭣 하시렵니까?"

"점심공양을 하렵니다."

"그럼 스님이 등에 짊어진 것은 무엇이오?"

"이것들은 내가 일생을 연구한 〈금강경〉과 소疏(주석서)입니다."

스님의 대답에 노파가 말했다.

"스님, 그럼 저와 내기 한 번 하시겠습니까? 지금 스님께서 등에 짊어진 〈금강경〉 구절에 대해 물을 것이니, 스님께서 답을 해주십시오. 스님께서 답을 잘 해주시면 떡을 그냥 드릴 것이고, 대답을 못하시면 이 마을에서는 떡을 한 개도 드실 수 없을 겁니다."

덕산스님은 노파의 말에 찬성하면서 〈금강경〉에 있는 내용이라면 무엇이든 물어보라고 자신 있게 말하였다. 노파가 질문했다.

"스님, 〈금강경〉 가운데 과거심도 불가득이요, 현재심도 불가득이며, 미래심도 불가득이라 했는데, 방금 전 스님께서 '점심點心'이라 하시니, 그럼 어느 마음에다 점을 찍으렵니까?"

노파의 말이 떨어지자 천하의 '주금강'이 그만 말문이 막혀버렸다. 노파가 보니 스님이 크게 당황한 모습이 역력한지라 이렇게 권했다.

"스님, 이 길로 곧장 가면 용담원龍潭院이라는 선원이 있는데, 그곳에 가면 숭신崇信선사가 계십니다. 큰 선지식이니 한 번 찾아가보십시오."

덕산스님은 곧바로 숭신선사를 찾아가서 소리쳤다.

"용담의 소문은 오래전부터 들었는데 와 보니 용도 안 보이고, 못도 안 보이는구나?"

용담선사가 한바탕 크게 웃더니 말했다.

"참으로 그대가 용담에 왔구려."

시간이 좀 흘러 저녁공양을 하고 차를 들고 한담을 나누다 보니 해가 지고 어두워져 밖이 캄캄했다. 이에 덕산스님이 객실로 가기 위해 자리에서 일어나 신발을 찾으려 하자 숭신선사가 촛불을 확 불어서 꺼버렸다. 사방이 칠흑처럼 어두운 상황에서 덕산스님은 순간 활연대오豁然大悟했다.

이렇게 도를 깨닫는 걸 보면서 도라는 게 쉽게 깨칠 수 있는 거로구나 하는 생각을 할 수도 있겠다. 하지만 그만한 경지에 이르렀기에 가능했던 것이지 아무나 방문 앞에서 신발을 찾으려 두리번거리다 불을 껐다고 도의 문이 열리는 것은 아니다. 이미 이쯤 되면 밥이 다 되어 뜸만 들이면 되는 순간에 숭신선사가 뜸을 들인 것과 같고, 밤을 불에 구을 때 밤이 다 구워져 터지려는 순간에 어떤 계기가 이루어져 팍! 소리를 내며 터지는 것과도 같다.

그래서 이런 경지에서 선지식의 법문을 들어보면 "깨친다는 것이 한 순간인데, 마치 세수하다 코 만지는 것보다 더 쉽다"라는 법문을 들을 수 있다. 이런 것을 가지고 이해하느니 마느니 한다면 분별만 더해질 뿐이다.

❈ 〈금강경〉 : 대반야바라밀경의 9부를 이루는 것으로 150~200년경에 성립. 금강반야바라밀경 또는 금강반야경이라 한다. 금강석이 모든 것을 끊을 수 있는 것처럼 가장 완벽한 반야의 지혜로서 깨달음을 얻을 수 있다는 뜻이 있음. 한역에는 6종이 있으나 구마라즙이 번역한 1권이 가장 널리 유통되고 있으며, 현재 대한불교 조계종 소의경전이기도 하다.

❈ 덕산 : 속성은 주周. 자는 선감宣鑑. 시호는 견성대사. 중국 사천성 검남 출생. 율律과 유식唯識을 배우고 특히 〈금강경〉에 정통하여 '주금강'이라 불리기도 하였으며 뒤에 용담숭신龍潭崇信선사의 법을 이었다.

일념정심

無有定法名阿耨多羅三藐三菩提

무 유 정 법 명 아 누 다 라 삼 막 삼 보 리

정한 바 법이 있음이 없음을 이름하여 '아녹다라샴막삼보리' 라.

〈금강경〉

說禪作詩無差別

설 선 작 시 무 차 별

선을 말하고 시를 짓는 것이 다르지 않다.

若人靜座一須臾　勝造恒沙七寶塔

약 인 정 좌 일 수 유　승 조 항 사 칠 보 탑

寶塔畢竟碎微塵　一念正心成正覺

보 탑 필 경 쇄 미 진　일 념 정 심 성 정 각

만약 어떤 사람이 잠시라도 고요히 앉아 선을 한다면, 저기 칠보탑을

항하사(갠지스강의 모래)만큼 세우는 것보다 더욱 수승하다.

보탑은 끝내 무너지고 티끌로 변하지만, 한 생각 바른 마음은 깨달음을 얻기 때문이다.

〈*문수보살이 *무착에게 내린 법문〉

법, 법, 법을 말하지만 그것은 이름에 지나지 않는다. 도道는 언어가 끊어진 자리로서 도, 도하면 도는 십만팔천 리 달아난다. 그렇듯 진리 또한 진리라 한다면 그것은 이름에 지나지 않는다. 왜냐하면 진리는 변함이 없는 것이고, 언어로 가타부타할 성질이 아니기 때문이다.

그러하므로 가장 진리에 한 걸음 다가설 수 있는 길이 있다면 그것은 마음을 고요히 하고 마음을 쉬는 것이다. 그러기 위해 잠시라도 앉아 한 생각 쉴 줄 안다면 그것은 그 어떤 보배와도 바꿀 수 없는 가치가 될 것이다.

實際理地不受一塵 萬行門中 不捨一法 若也單力趣入 卽凡聖情盡 體露眞常
실제이지불수일진 만행문중 불사일법 약야단력취입 즉범성정진 체로진상

理事不二 卽如如佛
이사불이 즉여여불

진리의 세계에선

한 티끌도 용서할 수 없지만

실천의 문에서는 한 가지도 버리지 않는다.

만약 단번에 깨달음의 선상에 나아가면

범부와 성인의 차별을 뛰어넘는다.

참된 진리 뚜렷해서 이理와 사事가 둘이 아니니

그 자리가 바로 여여한 부처라네.

〈*위산영우의 법문〉

❀ **문수보살** ; 지혜를 상징하는 보살.
❀ **무착** : 중국 오대산 중턱 금강굴 암자에서 문수보살을 친견하기 위해 기도하던 중
　문수보살을 친견하여 법문을 받음.
❀ **위산영우** ; 위앙종의 개조. 백장회해의 법을 이었다.

단박에 뛰어넘다

一物不爲 一道出境界 일물불위 일도출경계

한 물건도 움직이지 않음이여,
단박에 경계를 뛰어넘으리.

한 물건도 움직이지 않음이여, 백척간두에 서서 진일보할 수 있을 때
비로소 얻을 수 있음이다. 만상은 본시 요동하지 않은데 중생의 마음이
요동하는 것은 어찌하여 그러한가? 앞을 보지 못하는 사람은 한 발짝 옮
기는 것조차 두려운 법. 그러나 눈 밝은 자는 두렵지 않아 그 어떤 경계
도 다 넘을 수 있다.

옛날 달마대사가 소림굴에서 구년면벽을 하면서 공부를 하는데, 이미
달마에 대한 소문이 널리 퍼져 있는지라 수행자를 비롯하여 많은 사람
들이 그를 만나고 싶어 했다. 그때 신광神光이 대사를 알현하여 법을 구
하고자 하였지만 대사는 미동도 하지 않았다. 그러자 신광이 어떻게 해
야 대사의 마음을 움직일 수 있을까 궁구하다 대사가 공부하는 굴 앞에
서 무작정 기다리다 보면 대사의 마음이 움직이지 않을까 하는 생각으

로 굴 밖에 서서 밤을 맞이하는데 밤 동안에 눈이 내렸다. 눈이 얼마나 왔던지 허리까지 묻혔다. 날이 밝아 대사의 인기척을 들은 신광은 자신의 심지가 굳건함을 보이기 위해 차고 있던 계도로 팔을 잘랐다. 이것을 본 대사의 마음에 이놈이 그냥 자기를 한 번 시험해보고자 하는 그런 놈이 아닌 줄 알아 그의 마음을 신광에게 보였다.

신광이 대사에게 말했다.

"저의 마음이 편치 않으니 스님께서 편케 해주십시오."

"너의 마음을 가지고 오라, 편안케 해주리라."

"마음을 찾지 못했습니다."

"네 마음을 벌써 편케 해주었느니라."

이 말에 신광이 크게 깨달았다 言下大悟.

신광이 깨달음의 희열에 잠시 도취되어 있을 때 달마가 조용히 게송을 읊었다.

"밖으로 모든 연을 쉬고, 안으로 헐떡이는 마음이 없어서, 장벽처럼 되었을 때 가히 도에 들 수 있느니라 外息諸緣 內心無喘 心如牆壁 可以入道."

신광이 다시 말했다.

"저는 이미 모든 인연을 쉬었습니다."

"그러면 단멸斷滅에 떨어지지 않았느냐?"

"그렇지는 않습니다 不成斷滅."

"어찌 그런 줄 아느냐?"

"바로 알아서 무엇으로 미치지 못합니다."

달마가 말했다.

"이것이 모든 부처의 증득한 마음 체요, 너의 불성이니 다시 의심하지 말거라."

달마대사는 신광의 이름을 고쳐 호를 내리니 곧 혜가慧可다.

대도무문

大道無門 대도무문
大道無形 대도무형
大道無變 대도무변

큰길에는 문이 없다.
큰길은 형태가 없다.
큰길은 변하지 않는다.

큰길이란 해석상 큰길을 말함이지, 좀 더 본질적으로 말하자면 불도
佛道(진리)를 의미하는 것으로 *무문혜개無門慧開의 *〈무문관無門關〉에서
따온 말이다.

大道無門 대도무문
千此有路 천차유로
透得此關 투득차관
乾坤獨步 건곤독보

대도에는 문이 없어

길이 천 갈래다.

이 관문을 통과하면

하늘 땅 홀로 걸으리라.

뜻을 좀 더 음미해보면 불문佛門은 문이 없는 집 같아서 누구나 들어
올 수 있음을 뜻한다. '천차유로'가 바로 그것이다.

이 관문이라는 것이 무엇인가? 바로 불도를 의미하며 불도를 깨달으
면 하늘과 땅에 구애받지 않음을 말한다. 본래 도道라는 것은 형체도 없
고無形, 변하지도 않는다不變. 이렇게 형체도 없고, 변하지 않는 이것을
누가 얻을 수 있느냐 하는 것이 중요한 것이다. 이것을 '무문혜개'는
'관關'자를 빌려와 설명하고 있다.

이것을 오늘날엔 정치하는 사람들이 많이 인용하는데, 특히 전직 대
통령인 기독교 장로도 이것을 가져다 썼다.

물론 더 앞으로 거슬러 올라가면 이 글을 누구인가 또 쓰고 발표했을
수도 있을 것이다. 하지만 대도라는 용어는 불교적인 용어에 적합한 것
이지 다른 신앙과는 잘 어울린다고 하기 어렵다.

또한 아이러니한 것은 이 불교의 글, 넉 자를 쓴 것이 경매에 나왔는데
380만 원이라는 가격에 낙찰이 되었다. 아무튼 세상은 묘하고 묘하다.

어쨌든 세상을 살아가면서 여기서 말하는 '대도무문'과 같이 우리의
마음도 그렇게 쓴다면 얼마나 좋을까.

나는 평소 "정원이 넓어야 한다"는 말을 강조해서 쓰곤 했다. 정원이

넓어야 좋은 꽃도 피고, 잡초도 자랄 수 있기 때문이다. 정원이 작으면 다양한 식물들을 심고 자라게 할 수 없다.

넓은 마음을 가져야 한다는 뜻으로 쓰고 있는데, 실은 그것보다 더 중요한 것은 깨달아서 *일체무애인一切無碍人이 되어야 비로소 나의 출가의 본뜻에 계합契合하는 것이 될 것이다.

※ **무문혜개**; 중국 남송의 승려. 속성은 허 씨. 저서로는 〈무문관無門關〉이 있다.
※ 〈**무문관**〉; 〈선어록禪語錄〉에서 공안公案 48칙을 뽑고 여기에 염제拈提 또는 평창評唱과 송頌을 덧붙였다.
※ **일체무애인**; 일체의 걸림이 없다는 말로, 원효의 '一切無碍人일체무애인 一道出生死일도출생사'가 있다.

공수거

來無一物來去赤空手去 내무일물래거적공수거
自在處一切存一放下無一切 자재처일체존일방하무일체
故諸寶物唯心作用 고제보물유심작용

와도 한 물건 오지 않았고 가도 빈손으로 간다.
자유로운 곳에 일체가 존재하고 하나를 내려 놓으니 일체가 없다.
고로 모든 보물이 오직 마음의 작용이니라.

되돌아보면 잠깐인데 무엇을 그렇게 애타게 구하고 기다리는가? 아무것도 가진 것 없이 불쑥 두 주먹 쥐고 세상에 나왔거늘, 무엇으로 가득 채울 수 있단 말인가. 본래의 자기를 알지 못한 사람, 채워도 채워도 다 채우지 못할 것, 무엇을 그렇게 채우려 하는가?

하나를 놓으면 둘을 얻고, 둘을 놓으면 열을 얻는데 왜 놓아버리지 못하나. 언젠가 다 놓고 가버릴 것을 왜 이렇게도 꼭 쥐려고만 하느냐. 놓아버려라, 놓아버려라, 다 놓아버려라. 그 자리가 바로 그대의 행복한 순간이자, 행복한 자리가 된다.

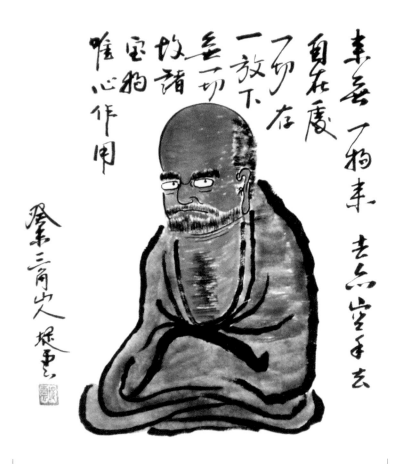

事若不拘來 去亦堂手去
自在慶 另在
一放不
無不
牧諸
空狗
唯心作用

登蕪三育山人 煥畫書

구함이 있으면 괴롭고 구함이 없으면 즐겁다 有求皆苦 無求乃樂. 눈으로 구하려 하지 말고, 눈으로만 행복을 찾지 마라. 행복은 마음에서 찾을 수 있고 마음에서만이 가능하다. 마음에 충족을 느끼면 그대로 행복이다.

제 아무리 귀한 보석도 마음으로 받아들이지 못하면 그냥 돌덩이에 불과하다. 그러기에 휘영청 크고 둥근 달을 보면서 마음의 희열을 느끼지 않느냐? 일체는 고요한 것이고, 일체는 행도 불행도 없다. 사람의 마음이 동요해서 일체가 시끄럽고, 사람의 마음이 분별을 일으켜 행과 불행이 나누어질 뿐이다.

〈열반경涅槃經〉에 이르길 "자심慈心을 닦는 자는 능히 탐욕을 끊고, 비심悲心을 닦는 자는 능히 진에瞋恚를 끊고, 희심喜心을 닦는 자는 능히 불요不樂를 끊고, 사심捨心을 닦는 자는 능히 탐욕과 진에를 벗게 된다"라고 하였다.

불성을 찾아

간다.
어디로?
간다니까.

살아 있나?
살아 있다.
살았다니까.

무엇을…
보면 모르나?
(에이, 개자식)
(씩씩…)
(씩씩씩……)

그래도
그래,
그거야.

그것이라니까

(미친놈)

허허….

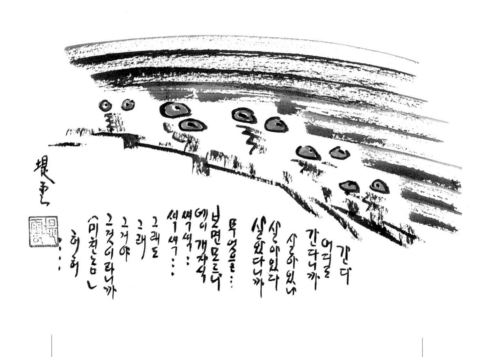

깨달음의 분상에서

悟之分上日月星山河大地何一無不
오 지 분 상 일 월 성 산 하 대 지 하 일 무 불

道甚無名小石草木至蘭皆皆道也
도 심 무 명 소 석 초 목 지 란 개 개 도 야

道本脫言形 滅分別竟寂寂其
도 본 탈 언 형 멸 분 별 경 적 적 기

깨달음의 분상에선 해와 달, 별, 산하대지
무엇 하나 도가 아님이 없다.
심지어 이름 없는 작은 돌멩이, 초목, 난초에 이르기까지 다 도다.
도는 본시 언어와 형태를 벗어난, 분별이 끊어진,
끝내는 고요하고 고요한 그것일 게다.

一亦不得處 일 역 부 득 처
踏破家中石 답 파 가 중 석

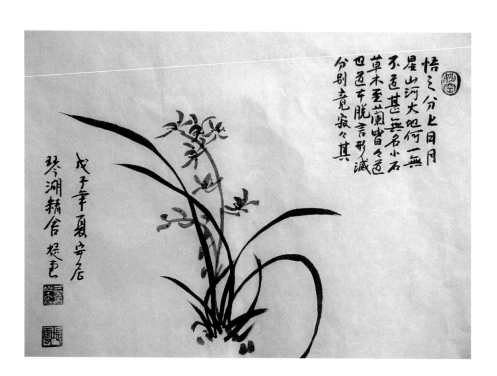

回看沒破跡 회간몰파적
看者亦已寂 간자역이적

하나도 얻을 것이 없는 곳에서
집 안의 돌을 모두 밟았네.
돌아보면 밟은 자취도 없고
보는 자 이미 고요하여라.

了了圓陀陀 요요원타타
玄玄光爍爍 현현광삭삭
佛祖如山河 불조여산하
無口悉吞谷 무구실탄곡

분명하고 둥글둥글해서
그윽한 빛 찬란한데
부처와 조사 산하까지
입 없이 모두 삼켜버렸네.
〈태고 보우〉

이것이야말로 깨친 선언이자 증도가 證道歌가 아니고 무엇이랴.
하나도 얻을 것이 없다는 말은 텅 비었다는 말로 마음이 고요하다, 분별하는 경계가 끊어졌다는 말이다. 또 집 안의 모든 돌을 밟았다 했는데, 집 안에 돌이란 우리 불가 즉 선지식을 다 찾아뵈었다는 뜻이다. 회간몰파적이란 이쯤 되니 아무런 의심이 없다, 한 경지를 얻었다(깨달았다)는 뜻이다.

간자看者 운운하는 것은 또 다른 경계다. '그러한 이전에 다 해 마쳤습니다'라는 뜻으로 이해하면 될 것이다.

분명하고 둥글다는 것은 모든 것이 분명하고, 진실되며, 원만하다는 뜻이다. 그러니(현현…) 그 빛이 말로 표현할 수 없을 정도…(불조…) 이 분상에서 부처다 조사다 하는 것, 모두를(무구…) 단박에 뛰어넘었다는 말이다. 우리가 그 무엇을 파악했을 경우 눈 감고 다 할 수 있는 그런 뜻으로, 입 닫고, 먹을 수 있음이다.

"나는 깨달았으며, 너무도 기쁘다. 밥 먹지 않아도 배부르다"라고 외치는 것들이 연상된다.

마음달

心月常放光 심월상방광

마음달은 항상 빛나네.

━━━━━━━━━━━━━━━━━━━━━━━━━━━━━━━━━━━━━

그 누가 그랬던가, 마음달이 외로워 둥글다고.

달은 우리의 가슴마다 제각각 하나씩 배분된 희망과 행복과 환희의 꿈과 같은 마음보석이다.

이는 돈 주고 살 수도 없고 또 훔칠 수도 없다.

누구에게나 평등하게 가지고 있는 마음보석이다.

잃어버리지 않게 항상 잘 보살펴야 한다.

살찌우고, 갈고닦아 잘 간직해야 한다.

그렇게 될 때 내 마음속 깊이 환희가 생기고 환희가 용기로 변하여, 삶은 더욱 윤택해진다.

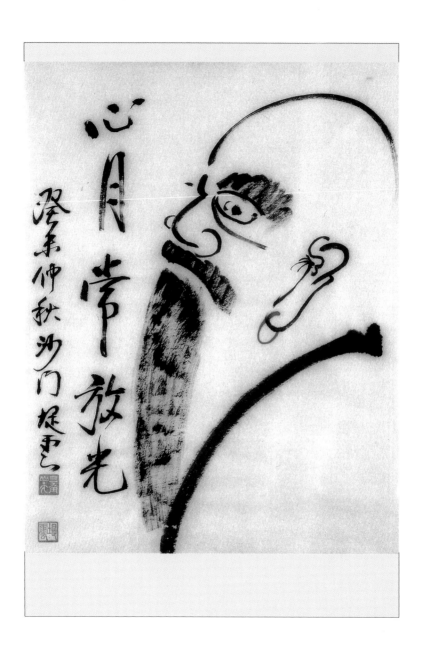

무구의 즐거움

有求皆苦無求乃樂 유구개고무구내락

구함이 있음은 괴로움이요, 구함이 없으니 즐거움이라.

───────────────────────

무구無求, "구함이 없어야 즐겁다"라는 이 말은 물질에 초연할 뿐만 아니라 명예며, 벼슬이며, 하는 것, 모두 초월해야 의意가 있다고 여긴다. 예전에는 사람들이 학문을 익혀, 벼슬자리에 나가 뜻을 펼친 뒤에는 물러날 때가 되면 마음을 비우고 고향으로 돌아가 여생을 유유자적하면서 살았다.

하지만 어디까지가 무구냐고 묻는다면 딱히 정의하기가 쉽지 않다. 적어도 먹고 입어야 살 수 있듯이 필요한 만큼은 취해도 괜찮지 않을까 싶다. 그렇다면 필요한 만큼이 어느 정도냐? 이렇게 물으면 그것도 쉽게 대답하기 어렵다. 다만 자기의 분상에서 과욕하지 않는다면, 그것이 무욕無慾이라 할 수 있지 않을까?

전원을 노래한 시인 *도연명陶淵明도 한때 벼슬을 했다. 그가 벼슬을 버리고 고향으로 돌아와서 많은 시詩를 남겼는데, 만약 그가 벼슬이나

하고 도심에서 머물렀다면 후대에 길이 남을 시를 쓸 수 있었을까 하는 생각이 든다. 그의 시를 대하다 보면 어느 정도의 구함이 있는가 하는 것을 알 수 있다.

種豆南山下 종두남산하
草盛豆苗稀 초성두묘희
晨興理荒穢 신흥이황예
帶月荷鋤歸 대월하서귀
道狹草木長 도협초목장
夕露沾我衣 석로첨아의
衣沾不足惜 의첨부족석
但使願無違 단사원무위

남산 기슭에 콩을 심었다.
풀은 무성한데 콩 싹은 드물어
이른 아침에 황무지를 개간하고
달이 떠서야 호미 메고 돌아가
초목 우거져 돌아가는 길 좁아
저녁 이슬이 옷을 적시는데,
그 옷 젖는 것은 아깝지 않으나
내가 심은 콩이나 잘되었으면.

그의 바람이나 그의 욕심이라면 그가 심은 콩이나 잘됐으면 하는 것이다. 그런 것을 욕심이라면 욕심 아님이 없을 것이다. 그래서 그는 자기의 작은 소망만 이루어진다면, 그 어떤 어려움도 감수할 수 있다고 말하고 있다. 그것이 바로 이슬이 내려서 옷을 적시든 말든, 그런 것에 마음을 쓰지 않겠다는 것이다.

오늘날 우리들의 현상現象은 어떨까?

머릿속 가슴 깊은 곳에 물욕만 가득하다면 과연 행복할 수 있을까? 물론 오늘날 우리들의 자화상은 임종하면서도 '돈 돈 돈'을 외치게 된다. 그것이 잘못된 것이 아니라 현실이다. 만약에 죽음을 앞둔 사람이 아무런 준비를 하지 않았다면 행려 노숙인 정도로 취급을 받아서 시신도 제대로 보전하지 못할 수도 있는 것이 현실이 아닌가?

❀ **도연명** ; 중국 동진 사람. 〈귀거래사歸去來辭〉로 유명한 전원 시인.

한 생각

나, 여기 올 때
벗어나려 했지.
머리에서 발끝까지
덕지덕지 붙은 번뇌, 두려움

동천 암벽 사이로 흐르는 물을 보며
마음을 씻으려 했지.
잠깐의 망각이
대상을 찾지 못해 멈춰버렸지.

솔 사이로 바람이 일고
샘물은 바위를 때리는데
어디선가 혼이 유희하는 듯
내 왼쪽 머리를 스친다.

슬프게도 사람 사람이
동쪽에 묻고 서쪽을 향하니

인생은 고요하다고 누가 말했으며
행 불행은 누구의 몫인가?

바람 차가운 날 깃 세우고
눈비 떨어질 때 우산 드는 것을
어떤 이는 동쪽을 보고
어떤 이는 서쪽을 달려가더라.

짖는 개는 물지 않는다.
늘 내는 향기는 이미 향기가 아니다.

증자가 말하지 않던가?
새가 죽을 때
그 소리가 더욱 구슬프고,
인간이 임종에 다다르면 진실하게 된다고.

인간은, 산다는 말보다는
그곳으로 한 발짝 치닫고 있다고.

〈제운〉

그대의 모습

頭頭物物 本是 汝是面目 두두물물 본시 여시면목

머리마다 물질마다 모두가 다 너의 참모습일세.

나의 참모습을 찾는다지만 정수리에서 발끝까지는 나의 형태일 뿐, 나의 참모습은 어디에 있나?

어느 날 한 사람이 봄을 찾아 동구 밖으로 길을 떠났는데 종일 봄은 찾지 못하고 그냥 돌아왔다. 집으로 들어서는 순간 매화나무에 맺힌 봉우리를 보고서야 봄을 느낄 수 있었다. 봄을 찾은 것이다.

나의 참모습도 이와 다를 것이 없어서 밖에서 아무리 찾아봐야 찾기 어렵다.

인도의 스님으로 중국과 한국을 넘나든 *지공指空스님이 하루는 그의 제자 *나옹懶翁스님에게 법문法門하기를,

禪無堂內法無外 선무당내법무외
庭前栢樹認人愛 정전백수인인애

頭頭物物
不是
無不
沖是
面目

佛紀二千五百四拾七年孟夏三脣哭堤雲

淸凉臺上淸凉日 청량대 상청량일
童子數沙童子知 동자수사동자지

선은 집 안이 없고, 법은 밖이 없는데
뜰 앞의 잣나무 아는 사람을 사랑한다.
시원한 집 위의 시원한 날에
동자가 세는 모래를 동자가 안다.

나옹이 받아치는데,

入無堂內出無外 입무당내출무외
刹刹塵塵選佛場 찰찰진진선불장
庭前栢樹更分明 정전백수갱분명
今日初夏四月五 금일초하사월호

들어가는 것도 집 안이 없고 나와보니 밖도 없구나.
세계마다 티끌마다 선불장인데
뜰 앞 잣나무 다시 분명하니
오늘은 초여름 사월 초닷새인 걸요.

나는 이 구절을 보면서 가히 그 스승에 그 제자구나! 하는 생각을 했
다. 감히 내가 어떻게 이렇게 법력이 높으신 어른들을 평하겠는가. 그저

와닿는 느낌 그대로를 드러내 말하는 것뿐이다.

　스승이 먼저 말하길, 선에 있어 안이 없다면 법은 밖이 없다고 하니, 제자인 나옹스님이 한 걸음 더 나아가 들어가봐도 안이 없고, 나와도 밖이 없다(법은 밖이 없다)는 말로 두 글귀를 받아 친다.

　또 뜰 앞에 잣나무를 아는 이는 사랑한다고 하였으니 -어떤 스님이 "조사(달마)가 서쪽에서 온 뜻이 무엇이냐?" 하니 조주스님이 "뜰 앞에 잣나무니라" 하였던- 이것은 그것을 안다면, 그것은 곧 깨달음이라고 말한다. 지공이 그의 제자 나옹과 법거래를 하면서 네가 바로 안다면, 즉 깨달았다면, 그 이상 더 바랄 것이 없다는 뜻이 내포되어 있다.

　또 시원한 집 자체만 해도 시원한데, 시원한 집 위의 날씨마저 시원하다 하면서 동자가 모래를 세는데, 또 다른 동자가 모래를 세는 뜻을 안다고 하였으니 이것은 스승이 한 경지를 뛰어넘어 무구無垢와 천진天眞의 경지에서 한 동자는 자신이요, 한 동자는 제자 나옹을 염두에 둔 것이다. 이미 인가를 한다는 뜻을 보여준 글이라 여겨진다.

　앞서 '뜰 앞의 잣나무 아는 사람을 사랑한다' 는 말에 '찰찰진진선불장' 이라는 말로 대꾸를 했는데 찰찰은 절, 세계, 진진은 티끌을 뜻하지만 티끌세상을 말하는 것으로서 나옹화상이 벌써 조주스님이 말하는 '정전백수자' 의 뜻을 다 알고 "이미 그런 경계를 뛰어넘었습니다. 그러니 새삼 이렇고 저렇고 하십니까?" 하고 오히려 반문을 하고 있다. 그러기 때문에 '정전백수자' 가 분명하다는 말씀을 드리고, 오늘 초여름 4월 초닷새 운운하는 것은 이미 경계를 다 넘었고 공부도 다 지어 마쳤습니다, 하는 말을 한 것이다.

　　미迷하면 산과 강이 모두 경계요,

　　깨닫게 되면 티끌마다 그대로 경계일세.

　　미와 오悟를 다 뛰어넘으니

　　아침마다 닭이 오경에 홰를 치더라.

* **지공** : 본명 디야나바드라. 인도의 마가다국 출신. 고려 충숙왕 13년 고려에 들어왔다.
　당시 환생불로 불렸으며, 3년을 머물다 원나라 연경, 법원사法源寺에서
　나옹, 백운, 무학 등을 가르치다 뒤에 공민왕사가 되었다.
* **나옹** : 법랍 37세, 세수 56세로 여주 신륵사에서 입적. 21세 때 공덕산 묘적암
　요연了然선사에게 출가, 일찍이 원나라 법원사에서 지공스님에게 가르침을 받았다.
　그 후 송광사와 회암사 주지를 역임, 회암사 주지 당시에 '문수회'를 열어 크게 이름을
　떨치기도 했다. 그는 고려 말의 보우普愚와 함께 조선불교의 초석을 다지는 데
　크게 이바지하였다. 저서로는 〈나옹화상어록〉 1권이 전해 내려오는데,
　그의 제자들이 수집하여 엮은 것으로 전해진다.

공空이여

一切眞空妙有 일체진공묘유

모든 것은 다 공하지만 묘가 있다.

세상 모든 존재는 영원함이 없다. 그 궁극은 공이다. 즉 공으로 돌아가는 것이다. 봄 여름 가을 겨울도 공에서 시작되고 다시 공으로 돌아간다. 그렇다 해서 공을 공이라고만 보면 안 된다. 여기서 공은 순환하는 모든 법칙의 시작이자 그 근원이다.

그러므로 시간적으로는 삼세三世요, 공간적으로 *육도六途를 들 수 있는데, 우리는 비롯함이 없는無始, 또한 마침도 없는無終 세계를 연기로부터 순환하여 성주괴공成住壞空(이루어져서 머물고 무너지고 공으로 돌아간다)의 현상을 인지하면서 사事와 이理의 원융圓融한 법계에 하나가 되고, 둘이 되고, 합하고, 떨어지고, 사라지고 화현化現하면서 존재하고 존재한다.

그러니 사람이 만나는 것도 우연히 만나는 것이 아니라 만날 때가 도래해서 만나는 것이고, 헤어지는 것도 때가 되어 헤어지는 것이다. 그러

하기 때문에 만남을 소중히 여길 가치가 있고, 그렇게 소중히 여기니 만큼 행복해질 수 있는 것이다. 헤어짐도 마찬가지다. 인연이 다하여 헤어지지만 그 인연이 다시 도래하면 만나기 싫어도 만나야 한다.

우리가 어떤 현상에서 순간을 모면하면 영원히 모면할 줄 알지만 시절 인연이 도래하면 다 드러난다.

우주의 법칙이란 한 홀도 어김이 없다. 에너지 불변의 원칙 내지 법칙을 우리는 잘 알고 있지 않는가. 이러하기에 불사문중 불사일법佛事門中不捨一法이 성립되는 것이다.

※ **육도** : 공간적 세계를 말하는 것으로, 지옥이 있고, 축생이 있고, 굶주린 귀신을 뜻하는
　아귀가 있고, 하늘세계인 천상이 있고, 귀신의 일종인 아수라가 있고,
　남섬부주에 머무는 사람(인간)이 있다.

크게 놓아버려라

大放大樂 대방대락

크게 놓아야 큰 즐거움이 있다.

놓아버려라.
크게 놓아버려라.
수미산조차 놓아버려라.
그대가 얻고자 함은
얻을 수 없네.
얻고자 하면 할수록
더욱 얻을 수 없네.
오직 다 놓아버릴 때
텅텅 비웠을 때
가득하리라.
크게 즐거우리라.

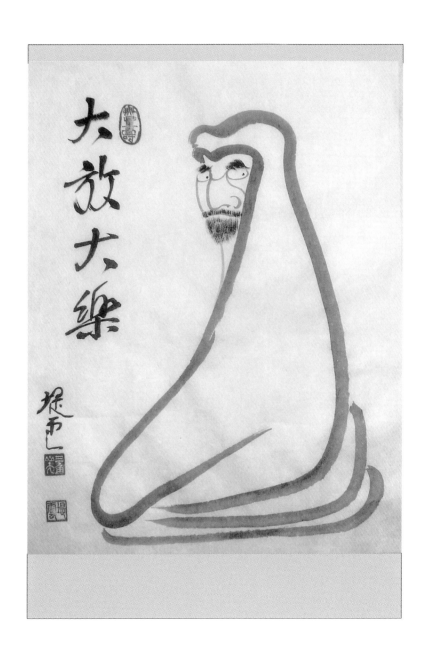

무엇이 크게 놓는 것이고 큰 즐거움인가?

하나를 놓아야 하나를 얻을 수 있듯

크게 놓을 줄 알아야 크게 얻을 수 있다.

무엇이 크게 놓는 것인가?

놓는다는 생각까지 놓아버려라.

그래야만 크게 얻을 수 있다.

불가에서는 불사일법不事一法을 말한다.

이 말은 한 법(한 티끌)도 버릴 것이 없다는 것이다.

버린다는 것, 그냥 없어지는 것이 아니다.

다 거름이 되어 더 크게 열매를 거두어들인다.

보라, 큰 고기를 잡으려는 사람이 조그만 낚시 하나 달랑해서

큰 고기를 잡을 수 있겠는가?

큰 고기 잡는 사람을 보면 큰 이밥을 여러 개의 낚시에 묶어

크게 던지는 것을 알 수 있다.

수행하는 자가

만약 니르바나(해탈의 경지)를 얻으려면

백척간두에 진일보해야 할 것이다.

한 물건

有一物於此 一物何物 유일물어차 일물하물

여기 한 물건이 있는데, 이 한 물건이 어떤 물건이냐?

*〈금강경오가해〉

저 한 물건 一着子은 희이언希夷焉하여 절정을 방불하며, 얼핏 보는 것이 반딧불이 같아서 추구하기도 어렵고, 황홀해서 헤아리기도 어렵나니 미迷도 오悟도 아니니라. 범부다 성인이라 할 수도 없으며, 나도 없고 너도 없으며無我無人 나와 남도自他도 이름하지 못하는 고로, 다만 한 물건一物이라 하네.

*육조六祖 스님이 말하길 한 물건이 있어 머리도 꼬리도 없다. 이름도 글자도 없으며, 위로 하늘과 아래로 땅을 버티나니 밝기로는 태양 같고 어둡기로는 칠흑 같아서, 항상 생활動用하는 가운데 있으나 거두려 하나 얻을 수 없는, 이것이니라. 비록 이와 같으나 "한 물건"이라함도 굳이

有一物於此 一物何物

저 一着子는 회언하며 전천을 방불하며 얼핏
반딧불이 같이 추구하길 헤아리기도 어렵거나,
아니며 無我無人이며 이며 凡他으로 이름하지 못하는 고로 다만
범부로 성인도
一物이라 하세

— 金剛經五家解 —

말하는 것이라." 그러해서 *남악南嶽화상이 이르길,

"설사 한 물건이라 해도 맞지 않습니다說似一物即不中" 하니,

여기 한 물건은 당처를 떠나지 않으면서 항상 담연甚然(담담해서 변하지 않는 모습)하니라. 그런 까닭에 그렇게 말씀하셨다.

〈금강경오가해〉

〈함허서涵虛序〉에 의하면,

"우리 석가모니 부처님께서 이 하나를 얻으시어 중생들이 다 같이 지니고 있으되 모르고 있는 것을 두루 살피시고 탄식하시며, '신기하다' 하시고 생사고행 중을 향해서 밑 없는 배無底船를 타고, 구멍 없는 피리無孔笛를 부시니 묘한 소리가 천지를 진동하고 법해法海가 하늘 가득하다…"

◈ 〈금강경오가해金剛經五家解〉 ; 부처님께서 도를 깨달으시고 21년 동안 설한 방대한 경전 가운데 그 골수만 뽑은 것이 〈금강경〉이다. 여기에다 다섯 분의 견해가 더해져서 〈금강경오가해〉라 하는데 우리나라에서 현재 유통되는 오가해는 한국의 함허스님이 더해져 육가해가 되는 셈이다.

◈ 육조 : 당나라 남해 신흥 사람. 오조 홍인으로부터 의발을 전수받고 육조가 됨. 남종선의 종조라 할 수 있다.

◈ 남악화상 : 협서성 흥안 사람. 속성은 두씨. 육조로부터 인가를 받았다. 그는 8년이라는 공부를 통해, 다시 육조스님을 찾아서 "설사 한 물건이라 해도 맞지 않습니다"라고 법거래했던 것으로 유명하다.

한 물건도 요동하지 않네

一物不爲 일물불위

한 물건도 요동하지 않네.

본래 무일물이라 하더니
한 물건도 요동하지 않아
본래 오고 감도 없고
본래 너도 나도 없는데
어느 곳에 경계가 있느냐.
산을 보면 산을 잊고
물을 보면 물을 잊는다.
다시 산을 보고 물 보면
산은 산이요, 물은 물이로다.
알겠는가!
돌咄!

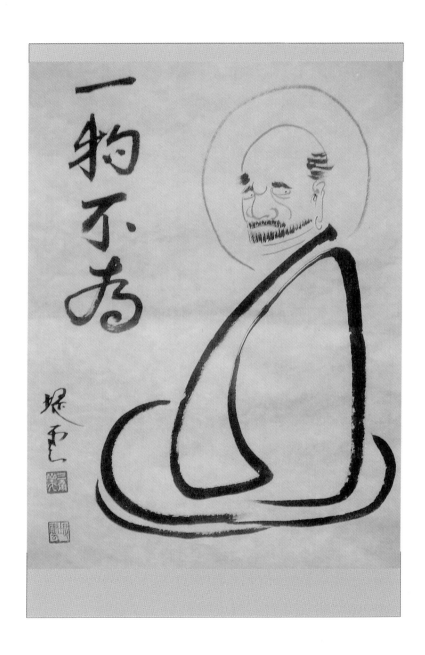

어느 날 혜능慧能이 제지사制旨寺에 들렀다. 마침 인종印宗법사가 강설을 하다가 갑자기 깃발을 가리키며 말했다.

"그대들 가운데 누가 분명히 말할 수 있는가? 저기 펄럭이는 것이 깃발이 움직이는 것인가 아니면 바람이 움직이는 것인가?"

한 스님이 자리에서 일어나 말하길, "깃발은 감정이 없는 물질입니다. 그저 바람을 따라 펄럭일 뿐입니다"라고 말을 끝내자, 이어서 또 한 스님이 말하길 "깃발도 감정이 없고 바람도 감정이 없거늘 어떻게 모두 움직일 수 있겠습니까?" 하였다. 이어 어떤 사람은 "인연이 화합하여 움직이지 않겠는가"라고 말하는 등 의견이 분분했다.

이때 단상 아래에서 이 광경을 지켜보던 혜능이 말하였다.

"당신들은 이것이 움직인다, 저것이 움직인다 하는데, 사실 모두 움직이지 않는 것이오. 다만 당신들의 마음이 흔들릴 뿐이오."

모든 대중들이 숙연해하면서 놀라워했다.

우리가 요동하는 것은 번민하는 것이요, 번민하는 것은 요동하기 때문이다. 그러하기에 마음이 움직이면 일체가 움직이고 마음이 고요하면 일체가 고요하다.

고요한 밤 산당山堂에 말없이 앉았는데
고요하고 고요한 것이 본시 그대로네.
무슨 일로 서쪽 바람이 불어 숲을 흔드나.
한 기러기 외마디가 하늘 끝을 울리네.

미정迷情을 위해

爲度迷情東進 위도미정동진

一切衆生有佛性 일체중생유불성
迷卽衆生悟卽佛 미즉중생오즉불

미정을 위해 동쪽으로 향했다.

일체 중생 누구나 불성이 있다.
미혹하면 중생이요, 깨달으면 부처다.

그 자리에서 한 바퀴를 돌아보라. 어디를 동東이라 할 것이며, 어디를
서西라 할 것인가? 사람들은 제각각 자기가 잘났다고 여긴다. 하지만 동
쪽에 머물면서 동쪽을 찾는다. 하루에도 수없이 동과 서를 돌고 도는데
어느 쪽이 서쪽이며, 어느 쪽이 동쪽인가를 묻는다.

본시 동과 서가 없는 것은 지구가 둥글다 못해 돌고 있지 않는가. 그
러니 동이 어떻고 서가 어떻고 하는 것은 지극히 어리석고 갑갑할 뿐이

다. 서방정토西方淨土가 극락이라지만 계속 서쪽으로 간다면 서쪽이겠는가? 중국에서 바라보는 서쪽은 인도 땅이 될 것이고 인도에서 바라보는 서쪽은 한 바퀴 돌아 다시 동쪽이 된다.

"무엇이 달마가 서쪽에서 온 뜻인가?祖師西來意"
"뜰 앞 잣나무니라."
어떤 스님이 묻자, 조주스님은 이렇게 답했다.

마음 하나

마음은 과거도 없고
마음은 현재도 없어
마음은 미래 또한 알 수 없어요.

마음은 안팎에도 없지 않지만
그 어떤 곳에도 머물지 않아요.

마음은 본래 공空하여 대립도 소멸도 없는
그저 열반적정涅槃寂靜 그것이에요.

더러움이 없는 마음
차별이 끊어진 마음
분별을 일으키지 않는 마음

모두가 한 경계여서
탐진치貪瞋恥 삼독에 함께 해도
물듦이 없어 그저 진흙 속 연꽃 같아요.

마음

마음은 과거도 없고
마음은 현재도 없어
마음은 미래 또한 알수 없어요

마음은 안팎에도 없지 않지만
그 어떤 곳에도 머물지 않아요

마음은 불러 공하여
대립도 성립도 없는
그저 열반적정(涅槃寂靜) 곳이여

더러움이 없는 마음
차면이 길어진 마음

분별로 이으러지 않는 마음

붓가 한정제야우
괴뇌진치(賈瞋痴) 실로의 함께려
묻음이 없어 그저 진틈속 연꽃 같이오

癸未 夏 三角山人 碧虛 詩畵

마음 둘

마음은 본시 고요한데
중생의 마음이 망념을 일으켜
마치 실체가 없는 허깨비처럼
그런 까닭에 고락이 생긴다.

마음은 흐르는 물과 같아서 때때로 생멸을 거듭한다.
마음은 큰 바람과도 같아 찰나에 장소가 바뀌며
또한 등불 같아서 조건에 따라 반사되어
번개처럼 잠시도 멈추지 않는다.

마음은 어느 때 원숭이처럼 오욕五慾의 나무 아래 놀기도 하고
어느 때는 하인이 되고, 어떤 때는 주인이 되고, 어떤 때는 도둑이 되나니.

그러나 마음은 작용함에 작용을 잊고
변하고 변하지 아니하는 가운데
항상 신령스럽고 방광放光하는 것이 마음이니라.

마음 (2)

마음은 본시 고요한데
중생의 마음이 망령을 일으켜
마치 실체가 없는 헛개비처럼
그림자라희 고락이 생긴다

마음은 있다는 모양과 같아서
때때로 생멸을 거듭한다
마음은 큰 바람에도 같아
한나의 자국가 바퀴 뜻한 등불
같아서 조건따라 바다의이 번개
처럼 잠시도 머물지 않는다

마음은 빈새 우주이어처럼 오묘기(호恣)
의 수무아래 그르기를 하고
어떤때는 하어의 외곤 어떤때는 수연이되고
어떤때는 브득기 되나니

그러나 마음은 작은능함에 같음을 잇고
변함이 변하지 않는 가운데
항상 신형스럽고 방랑x치兌光)하는것이 마음어니라

莫生兮其死也苦 막생혜기사야고
莫死兮其生也苦 막사혜기생야고

살지 않으려 해도 죽기는 괴로워.
죽지 않으려 해도 사는 것 또한 괴로워.

4부

인생

세월을 낚다

여보게, 뭐하고 있나?
보면 모르나?
그것은 아네만,
세월을 낚고 있다네.
아니 인생을 낚는 게지.
돌呐(쯧)!

낚시라 하면 세월이 연상되고, 세월 하면 낚시가 연상되는데, 왜일까? 내가 늘 궁금했던 것이 강가에서 사람들이 낚시를 하는 걸 보면 그렇게 태평스러운 모습이었다. 가끔은 낚시를 하지 않고 낚시하는 모습을 구경하는 사람들 또한 있었다. 왜 낚시도 하지 않으면서 낚시하는 것을 구경만 할까 하는 생각을 하게 되었는데, 낚시하는 그 풍경이 편안해 보이니 그것을 구경하는 사람은 더 편안해서일까?

이것을 두고 누군가 생각하기에는 낚시하는 사람 옆에서 낚시하는 걸 쳐다보고 있는 사람, 세상에서 제일 할 일 없는 사람이라고 여길 수도 있겠다. 그러나 오늘날과 같이 빠르고 각박한 삶을 살아가는 현실을 볼

여보게
뭣하고 왔나
보면 모르나
그것은 아니만..
세월을 낚고 있구네
아니 세월을 낚는게지 뭐
부처님 가신지 이천오백사십일년 갑술
나 삼각산 사문 제운 이라하오

때에 그런 여유를 가질 수 있는 사람이 여유 있는 사람이고, 행복한 사람이 아닐까 하는 생각도 해본다.

江雪 강설

千山鳥飛絶 천산조비절
萬徑人踪滅 만경인종멸
孤舟蓑笠翁 고주사립옹
獨釣寒江雪 독조한강설

산마다 새들도 자취가 끊어지고
길마다 사람 발길마저 끊겼다.
외로운 조각배엔 도롱이에 삿갓 쓴 늙은이
홀로 찬 강에서 눈을 낚더라.

당나라 시인 유종원이 쓴 시 〈눈 내리는 강〉이다.

내가 즐겨 쓰는 시다. 너무도 담백하고 마음을 편하게 해준다. 비록 세간에 머무는 사람이 지은 시지만 이것이야말로 뛰어난 '선시' 다.

수행자는 해가 지면 산을 오르게 되는데 어느 때는 스스로에게 반문할 때가 있다.

"내가 왜 산을 올라야 하나?"

해는 떨어지고 달빛도 없어 칠흑처럼 어두울 때 이런 생각이 들곤 한다.

"세속의 사람들은 해가 지면 산에서 내려오는데, 나는 이 무슨 운명의 곡절인지 이렇게 산을 올라야 하는가."

아마도 *운제산雲梯山 원효암에 잠시 기거할 때 처음 이런 생각을 했었던 것 같다.

산이란 본시 적막하기 마련인데 밤이 되면 더욱 그렇다. 사방은 적막하여 침묵의 무게가 하늘에 닿는데, 앞도 안 보이고, 옆도 안 보이는 그믐날 같은 밤이면 이 생각 저 생각에 화두話頭는 보이지 않고 망상妄想만이 내 골속으로 찾아드니 되돌아 생각할 때면 슬프고 안타까운 마음에 고개가 숙여진다.

※ **운제산** : 경북 영일군과 월성군에 걸쳐져 있으며, 오천면 항사리에 오어사 뒤로
오를 수 있다. 신라의 제2대왕 차차웅(남해대왕)의 왕비인 운제부인이 제사를 지내던
제단인 성모단이 있다. 신라국의 안녕을 빈 곳으로 성지라 여긴다.
또 이곳에는 유명한 오어사吾魚寺가 있는데 이 오어사를 중심으로 네 개의 암자가 있다.
이곳에는 신라의 대표적인 승려 네 분, 즉 원효, 자장, 대안, 의상이 머문 곳으로도 유명하다.

이슬꽃

저녁연기 피어오르고

창살은 빗물에 젖어

영계靈溪의 물소리 더해도

조주趙州차 한 잔에

주객主客의 경계 끊어지니

삼세불三世佛도 그대로요,

범성凡聖도 분명해서

청산靑山은 부동不動이요,

유수流水는 바람이어라.

어젯밤 관음觀音의 소식을 아는가,

난초 잎에 이슬꽃이어라.

〈제운〉

연일 쏟아지는 빗물에 용문산은 온통 물바다인데, 비만 오는 것이 아니라 바람도 함께 부니 한옥 요사寮舍 문살이 비에 흠뻑 젖었고, 천년의 숨결이 흐느끼는 영계靈溪 흐르는 물소리 우렁차게 들려온다.

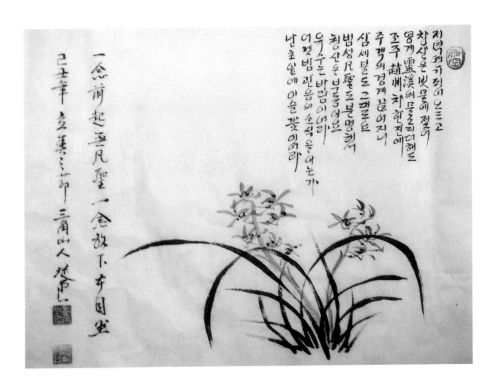

*조주趙州스님은 납자衲子(참선하는 스님)를 접함에 '차'로서 법거량法舉量을 많이 하였기에 후인이 '조주 차'를 들고 나왔다.

조주의 공안으로는 우리에게 많이 알려진 '무無' 개에게 불성이 있는가狗佛性有否' 등이 있는데, 스님들이 차를 함께 하면서 주고받는 법거래가 조주의 공안과 다르지 않기에 끽다喫茶를 하는 순간, 온갖 의단과 근심을 놓아버리면 경계가 끊어져 주객이 없게 된다 한 것이다.

그러므로 "과거불이나 현재불이나 여여如如해서 깨달으면 부처요, 깨닫지 못하면 범부다." 이에 청산은 현상으로서, 푸르기도 하지만 부동不動이라 주인도 되며, 어느 때는 진여眞如며, 법성法性이 된다.

이에 반하는 '유수'는 마치 실체가 없는 구름과 같고, 떠도는 나그네가 되기도 한다.

어젯밤 관음의 소식이란 선문禪問으로서 지난 밤 공부경계를 암시한 뜻이고, 이에 답이라면, "난초 잎에 이슬꽃"을 든 것은 마치 눈에 광명이 열리고 보니 모든 경계가 거울 앞에서는 흰 것은 흰 대로 검은 것은 검은 대로의 현상을 보는 것과 같은 뜻으로 이해하면 될 것이다.

주객 경계 그 어떤 것도 다 뛰어넘어서 현상으로 돌아왔음이다.

✽ **조주** : 중국 임제종 스님. 당나라 조주 땅에서 오래 살아서 조주라고 함.

선심불심

禪心佛心 선심불심

고요한 마음이 부처의 마음이다.

마음이 고요하면 가고 머무는 것, 모두 고요한데 마음이 훤요喧擾하면 가고 오고 머무는 모든 것이 편치 않다. 마치 고요를 쫓아 산을 올랐는데 산새소리 요란하여 귀가 따갑고, 바람소리에 뇌까지 요동친다. 계곡에 가봐도 물소리 요란하니 고요하지 못하다.

무엇이 고요함인가? 시끄럽지 않다는 뜻이다. 시끄럽지 않은 것은 무엇인가? 시끄럽지 않음은 밖에서 구할 수 없고, 오직 스스로의 내면에서만이 가능한 일이다.

가만히 보라. 그 어떤 환경이 되었든 참 고요함은 없다. 정말로 고요함을 구하려 한다면 내 마음으로부터 먼저 구해야 할 것이다. 내 마음의 고요는 또 어떻게 구할 수 있는가? 쉬는 것이다. 쉰다는 것은 무엇인가? 생각을 쉰다는 것이다. 좀 더 적극적으로 표현한다면 '생각을 놓는 것이다.' 이것이 좋을 듯하다. 수행의 길에 들어서는 첫 관문은 놓아버리고

禪心佛心

癸未仲秋 堤雲

放下着 쉬는 것이다. 이것 역시 말은 쉬워도 행하기는 어렵다.

지금부터 20여 년 전 일이다. 당시 덕숭산 수덕사修德寺 조실祖室 *혜암慧庵스님에게 불교신문 기자가 '*안수정등岸樹井藤'에 대해 물었는데, "*수미산도 놓아버려라"했다. 이 말은 인생이 무엇이냐? 하는 물음에 일체를 놓아버리라는 것이다. 기자가 묻는 것, 기자의 생각 그리고 현상現象, 나아가서는 주객主客이라는 대상까지도 다 부정해버리겠다는 뜻이 포함된 것 같다.

선이다, 고요함이다 하는 것은 어느 특정한 환경에서만이 가능한 것은 아니다. 선이란 누구에게도 있고, 누구에게도 구할 수 있다. 절간에만 있는 것도 아니고 참선하는 스님들에게만 부여된 것도 아니다. 누구나 마음이 고요하면 그것이 선이 되고 불심이 되는 것이다.

도연명은 전원田園으로 돌아와 이런 시를 읊었다.

結廬在人境 결여재인경

而無車馬喧 이무차마현

問君何能爾 문군하능이

心遠地自偏 심원지자편

採菊東籬下 채국동리하

悠然見南山 유연견남산

山氣日夕佳 산기일석가

飛鳥相與還 비조상여환

此中有眞意 차중유진의

欲辨已忘言 욕변이망언

인가 근처 초막을 짓고 사는데

마차소리 시끄럽지 않아

그대에게 묻노니, 어찌해서 그러하나.

마음 멀어지니 사는 곳도 외져

동쪽 울타리 아래서 국화를 따고

유연히 남산을 바라본다.

산기는 아침저녁으로 좋아

새들은 물물이 날아오고

이런 가운데 참뜻이 있어

말을 하려 해도 할 말을 잊었다네.

〈도연명〉

※ **혜암**: 속명 최순천. 황해도 해주 출신. 경기도 양주 흥국사로 출가. 보암을 은사로 득도.
1929년 만공으로부터 전법게를 받아 1956년 수덕사의 조실이 되고,
세납 101세, 법납 89세를 일기로 입적하였다.
※ **안수정등**: 인생을 비유한 말로, 광야에서 미친 코끼리 한 마리가 사람을 쫓아오자
코끼리를 피해 숨을 곳을 찾다가 우연히 우물을 발견하여 숨게 되는데
그곳에 칡넝쿨이 있어 매달려 위기를 모면하였다는 내용.
※ **수미산**: 고대 인도의 우주관으로 세계의 중심에 이 산이 있다는 상상의 산.

참모습

그대 진정 알려고 하나
그렇다면 그 안다는 것 던져버리세.
그대의 참모습이 들어남일세.
그대가 누구인지를 알게 될걸세.
악! 낙엽 떨어지니 하늘 문 닫네.

안다는 것, 모두 알음알이다.
알음알이 다 벗어던지고 한 번 일러보지 않겠나?

알음알이란, 안다는 생각으로 분별 일으킴이다.
본시 청풍淸風은 향기가 없어
향기 있는 것은 사람의 코를 통해 들어와서는
뇌를 흔들고 눈을 혼미하게 해서 눈 뜨고 보지 못하는 장님을 만든다.

누가 남쪽의 소식을 물어온다면
북쪽에 봉棒비를 억수같이 퍼부으리라.

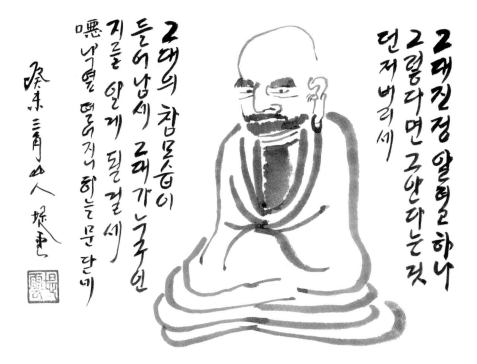

그대 진정 알려고 하나
그렇다면 그만두는 것
던져버리세

그대의 참모습이
들어납세 그대가 누군
지를 알게 될 걸세
맘나를 떠러지 하는 문 달네

癸未 三角山人 塤重

생사

莫生兮其死也苦 막생혜기사야고
莫死兮其生也苦 막사혜기생야고

살지 않으려 해도 죽기는 괴로워.
죽지 않으려 해도 사는 것 또한 괴로워.

〈원효〉

한문이란 하도 오묘해서, 같은 어원이라 해도 환경에 따라 달리 받아들일 수 있다. 위의 글은 신라의 뛰어난 선승이자 학승인 원효元曉스님이 평소 알고 지내던 뱀복이로부터 그의 모친이 상을 당했다는 소리를 듣고 문상하는 자리에서 남긴 말이다. 나는 위에 적은 것처럼 해석해보았지만, 보편적으로 "나지마라 죽는 것이 괴롭다, 죽지마라 나는 것이 괴롭다"라는 식으로 해석을 많이 한다는 것을 밝혀둔다.

절간에 처음 들어오면 가장 많이 듣는 소리 가운데 하나가 '생사生死'다. 생사란 나고 죽는 것이다. 이것을 일대사一大事라 해서 이 문제가 수

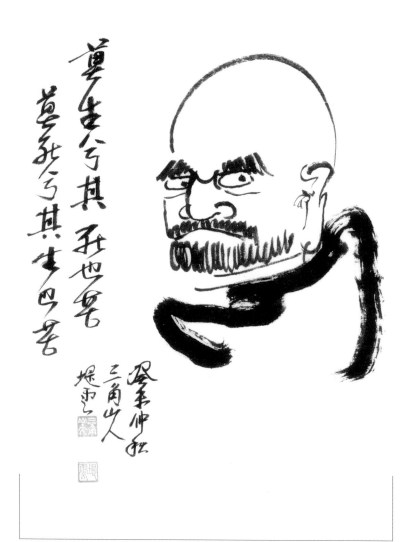

행자에게는 가장 큰 쟁점이 된다.

생각해보면 마음자리가 예나 지금이나 다르지 않듯, 적어도 천년 전에도 그랬고, 그보다 또 한참 전인 진나라 때 새겨진 돈황석굴의 석각石刻에서 그들의 소망을 들여다봐도 그렇다. 전쟁이 없는 나라, 그래서 군대에 끌려 나가지 않아도 되는 나라, 그리하여 처자와 헤어지지 않고 살수 있는 나라, 따라서 굶주리지 않는 나라…. 이렇듯 따지고 보면 인간의 역사라는 게 고통의 역사라 해도 과언이 아닐 것이다.

인간은 그 어떤 유정有情과도 달라서 바늘만한 충격에도 고통스러울 정도로 감성이 많다. 감성이 풍부하면 할수록 인간의 고통도 더할 수 있다. '도대체 인간이란 무엇인가?' 하는 수수께끼를 가지고 풀어보려 하지만 그걸 완전하게 풀고 간 사람은 극히 드물다. 그러므로 그 수수께끼를 풀려고 동서고금의 수많은 사람들이 그 얼마나 애를 태웠는가.

출가를 하고, 참선을 하고, 기도를 하는 이런 모든 것이 궁극에 자아自我를 찾는 것이고 자아를 찾는 궁극 역시 생사해탈生死解脫하고자 하는데 있다. 또 생사해탈의 궁극은 영원한 삶을 구하는 것이니 그것은 나고 죽는 것뿐만 아니라, 고통으로부터 해방되고자 하는 것이다. 여기에 극락이 있고 행복도 있다.

부처님께서도 경전에 의하면 '유여화택喻如火宅(비유하건데 불붙은 집과 같다)' 이라 하셨다. 즉 "마치 사바세계는 불에 타는 집 같다"는 비유로, 사바세계는 우리가 사는 세상을 말한다. 중생들이 그만큼 고통을 느끼고 번뇌가 들끓는다는 말씀인 게다.

인간상

인간이 아름답다고 여기는 사람
인간을 추하다 말하는 사람
순자가 바라보는 인간은 악마惡魔에 가깝다.

노자가 바라보는 인간은
나무가 되고, 바람이 되고, 흙이 되고, 물이 된다.

부처가 바라보는 인간은 위대하다 有佛性.

프로이드freud가 바라보는 인간은 위태危殆하다.

시장 여인은 인간을 칠보석처럼 볼 수 있다.

그러나 보석이라 해도 다 좋아하지는 않는다.
그래서 내 것, 네 것을 찾고
시기와 증오를 불러 다툼으로 이어진다.

산당 山堂

山堂寂然風鏡鳴 산당적연풍경명
去來客閑增落葉 거래객한증낙엽

산사의 적막, 풍경이 울어 깨우고
오가는 나그네 뜸한 발길 낙엽만이 더해지네.

적조암寂照庵

스산한 가을바람에
낙엽은 바람 따라 그냥 뒹굴고
전각殿角 끝자락에 매달린 풍경은 한없이 우는데
흔적 없이 오가는 나그네
사라지는 여운만 둔 채 흩어져가네.
가지 끝에 매달린 일엽一葉이 처절한데
어젯밤 꿈속에서 본 푸른 옷자락 동자童子 생각에
고즈넉한 산사를 잠시 멈칫거리게 해서

세상은 늘 그러했듯 멈추지 않는 시간 속으로

말없이 멀리멀리 떠나려고만 하고

반김 없는 안타까운 시선은 먼 허공을 향해

돌아앉은 침묵의 엷은 그림자가

내 영혼을 잠들게 하지 못해

*혼침도거 惛沈掉擧 만을 거듭하는데

어디선가 외기러기 창공을 뚫는 소리에

앞도 잊고, 뒤도 잊어 나마저 잊었어라.

❋ **혼침도거** : 잠시 좌선 도중, 잠에 빠져 고개를 꾸벅이는 것.

도를 알고 산에 거居해야

自到靈溪 泰然心意 高低峰頂
자도영계 태연심의 고저봉정

振錫常遊 石室巖龕 拂乎宴座
진석상유 석실암감 불호연좌

靑松碧沼 明月自生 風掃白雲 從目千里
청송벽소 명월자생 풍소백운 종목천리

名花香果 蜂鳥唧將 猿嘯長吟 遠近皆聽
명화향과 봉조함장 원소장음 원근개청

鋤頭當枕 細草爲氈 世上人我爭爭 心地未達
서두당침 세초위전 세상인아쟁쟁 심지미달

先須識道後乃居山若未識道而先居
선수식도후내거산약미식도이선거

山者但見其山必忘其道
산자단견기산필망기도

自到靈溪泰然心意高
低峰頂
振錫
常遊
石室
巖合寵

拚平寧坐青松碧沼明月自生風
掃白雲縱同千里各花香果蜂鳥
御將猿嘯長吟遠近皆聽鋤頭當
枕細草爲氈世上人我爭名心地未達

先須識道後乃居山若未識道而先居
山者但見其山必忘其道巴

영계에 이르러 마음은 태연하다.

높고 낮은 봉우리를 석장을 짚으며 노니는데

움푹움푹 파인 바위를 쓸고 편히 앉으니

푸른 솔 푸른 못에 밝은 달이 뜨는구나.

바람은 흰구름을 쓸고 눈은 천리를 쫓는다.

이름난 꽃과 향기로운 과일, 벌과 새들이 찾아들고

멀리서 들려오는 원숭이의 긴 휘파람 소리 가까이 들려오네.

호미로 베개 삼고 세초로 요를 깔고

사람들은 서로 다투기만 하니 심지에 사무치지 못함이라.

먼저 도를 알고 산에 살아야지.

도를 모르고 산에 먼저 살면 그는 산만 볼뿐 도는 잊는다.

〈치문〉

〈화엄경〉에 이르기를 "범부는 지혜가 없어서 아我에 집착한다" 하였으며, 〈법화경〉에는 "아만我慢하여 스스로 뽐내며 아첨하여 마음이 실답지 않다"는 말이 있다.

이것은 단순한 학문이나 지知解(알음알이)를 배우고 얻고자 한다면 제대로 배움을 구하는 것이 아님을 말한다. 불가에서는 지식이 있어도 아만이 있다면 무지無智에서 나오는 것이라고 본다. 무지란 지혜가 없다는 말, 즉 슬기로운 마음을 갖추지 못했다는 것이다. 이것이 우리 사회의 현실이자 인류의 현실인 것이다. 어찌 아는 것만 많다고 그를 훌륭한 사람으로 인정하겠느냐 하는 것이다. 그래서 학문을 익히는 배움도 필요하지만 그보다 스스로를 지탱하는 힘, 즉 자기를 낮추려고 조절하는 것도 큰 배움인 것이다.

또한 배움에서 스승을 잘 가려 택하는 것도 중요하다. 〈통감通鑑〉에 보면 "새가 쉬고자 함에 숲을 가리고, 사람이 배움을 구함에 스승을 택한다 鳥之將息必擇其林 人之求學當選於師"라고 했다.

이것이 무엇을 말하는가. 많이 배웠다고 다 스승이라 할 수 없고, 쉽게 다가갈 수 있다고 다 스승으로 삼을 수 없음이다. 내게 바른 깨침을 줄 수 있어야 하는 것이지 그때그때 환경에 맞추어 적당히 넘어간다면 진정 스승이라 할 수 없다. 옛날 중국 고사의 '삼고초려三考草廬'는 진정한 스승을 모실 때의 가르침을 우리에게 잘 말해주지 않는가.

그러므로 배움을 구하는 자는 배움을 구하는 자세며 안목을 늘려야 하는데, 먼저 멀리 볼 수 있어야 한다. 산을 오르는 사람들마다 제각기 뜻이 있겠지만 산에 오르면 멀리까지 조망할 수 있기에 오르는 사람들이 많지 않을까. 물론 멀리 보라 해서 눈으로 멀리만 보는 것이 아니라 더 큰 안목을 기르라는 뜻이다.

많은 사람들이 산을 오른다. 사업가도 있고 정치가도 있고 학문하는 사람도 있고 병들어 신음하다 병을 고치려 오르는 사람도 있다.

하지만 산을 오르면서 산 자체에 대한 생각을 할 수 있는 사람은 힘들게 산을 오른 만큼의 가치를 얻는다. 산이란 그 생김새에서도 알 수 있지만 험난한 고비가 있는가 하면 내리막길이 있고 숨이 헐떡대며 목이 타도 물 한 모금 먹을 수 없는 그런 과정도 있다. 그러니 산을 오르며 인생의 깊이를 깨달아 얻는다면 얼마나 큰 가치가 있겠는가.

도를 닦는 사람들이 산을 찾아서 도를 얻어야 하는데, 도는 보지 못하고 산과 씨름만 하다간 도든 산이든 다 놓쳐버리게 된다.

뜰 앞에 앉아

비 갠 오후 어느 날
초암에 앉아 잠시 침묵하는데
뜰 앞 싱그러운 풀냄새 나의 코끝에 맴도네.

구름은 바람 타고 노는데
산까치 우는 소리 혼침한 내 혼을 깨우네.

이따금 들려오는 풀벌레의 속삭임
뽀얀 안개 위에 두둥실

빗물에 발가벗은 호박이
풋풋한 향기 내며 다가서는데
피어나는 소년의 얼굴이 된다.

사방에 녹색만이 감돌고
내 침묵의 도량에 무성한 잡초
배수진 친 병사처럼 다가온다.

不立文字 教外別傳
直指人心 見性成佛

佛紀三千五百四拾七年夏 堤重仁

아직 못다 부른 노래

나의 노래는 산을 만나면 산을 부르고
들을 만나면 들을 노래한다.

강가에 앉아 나지막이 셈하듯 부르는 나의 노래
사랑을 만나면 사랑을 노래하고
바다에 서면 망망히 비쳐오는 검푸른 물결 타고
출렁이듯 나의 노래는
그렇게, 그렇게 울려 나온다.

애틋한 사랑을 그리워하며 부른 노래
이별의 아쉬움에 울먹이며 부른 노래
나의 노래는 육신이 허물어지고
혼마저 흩어져 식어가는 나의 노래는

찬 겨울 메마른 잎새의 고비를 넘겨
다시 돌아오는 윤회의 길목에서
아주 작은 정념에 울려 나올 것이다.

보리수 아래에서 ᅄᅤ ᅄᅩᅀᅳᅇ

자기를 찾아

한 물건 찾아 떠나는 나그네
한 물건이 도대체 무슨 물건이길래
한 물건 찾아
머나먼 여행을 한단 말인가.
이 물건은 돈으로 살 수 없고
생각으로 구할 수 없다.
훔칠 수는 더욱 없나니
이 한 물건이 어떤 물건이냐?
쯧.

나를 찾는 내 마음의 여행은 끝이 없다.
시작도 본래 없는 것, 끝이 있을까보냐.
그저 맴돌다 지치고 쓰러지고 다시 일어나
걷고 또 걸어갈 뿐이다.

어느 때는 나를 잃어버리도록 행복했었다.

한물건 찾아 떠나는 나그네
한 물건이 도대체 무슨물건,
머나먼 5행을 한단말인가
이물건은 눈으로 실수 없고
생각으로 구할수 없다 흔헐
수도 더욱 없다 이물건이 어떤
물건이냐 쯧(끈)

어느 때는 나를 죽이도록 미워했었다.

그러던 어느 때인가부터 나를 찾기시작했다.

나를 알자 내가 나로부터 멀어져 있다는 것을 알게 되었다.

나는 나를 알지만 또 다른 내가 있었다.

한 나는 나를 이해하고 무조건 내 편이었다.

하지만 또 하나의 나는 내 편에 서지 않았다.

나를 향해 쏘아보고 나를 향해 달려들었다.

그럴 때쯤 나는 슬펐다.

어떤 나를 따라야 하며,

어떤 것이 나의 본모습인가?

다시 길을 나선다.

길에서 길을 묻는다.

가리키는 목적이 눈앞인데,

얼른 도달하지 못한다.

왜 그럴까?

오늘도 반문해본다.

행복한 하루

생명은 아름답다.
뜨거운 영혼이 있어 좋다.
삶의 희망의 기로에서 큰 걸음으로 나아간다.

청춘도 희망이다.
삶은 전진이다.
그 무엇 하나 두려움 없이 앞으로 앞으로만 나아간다.

내일의 희망찬 꿈을 안고
오늘의 밝은 태양이 되어
곳곳마다 환희를 내 가슴속 깊이 가득 담고

시간과 공간의 틀을 깨어
다시 공간도 만들고 시간도 만든다.
마음의 나래를 펴고 꿈의 초원으로 나아가
행복의 정원을 만들어간다.
오늘의 이 하루는….

슬퍼 말아요

하늘엔 흰구름
땅엔 파릇한 싹이 돋아나고
바람은 뒹굴어
장독대를 쓸어주지요.

바다엔 넘실넘실
갈매기 떼 지어 그림 그리고
밭에는 농부들이
밭 갈고 호미 메고 풀을 매지요.

들에는 새들이
숨박곡질하듯 재잘거리고
마을 어귀 노는 아이들
손잡고 팽이 돌리고 딱지 치지요.

너무 슬퍼 말아요.
마음은 언제나 당신 곁에 있다오.

겨울성묘

세찬 바람에
태양은 힘을 잃었다.
한 조각 비늘 같은 잎새
애타게 슬퍼하고
거리는 입김으로 가득 차고
움츠린 물결처럼
그저 멈칫거린다.
사람의 행렬이 새끼줄에 묶인 굴비처럼
끈끈이 매달려 간다.

아버지는 아이를 가슴에 품고
아낙은 젖내기 등쳐 업고 산등성이 발길 돌아간다.

퇴색된 억새풀 숲 이루고
한 줌 잡은 손마디 설움 복받치고
찬 빗살에 머리 조아린다.

이러하는 것은 곧 묵용과도 같아 두렷하되

그두렷움에서 나어나려는 연꽃의 마치 나르는

기러기와 같나기 해라

癸未秋節 三角山人 堤雨

새벽

목어는 운다

허공은 찢어지고

풀잎은 파르르 떤다

동승의 걸음마다

새벽은 밝아온다

번뇌는 떨어져 저만치 가고

빗장이 열리고

불상이 비춰온다

향을 사른다

누리는 청정해지고

지옥 깨트리는 땅, 소리

숨은 멎고 눈은 멀고 귀는 닫힌 채.

인생여정

멀리서 바라보는 인생의 여정과
지난날의 회상이 구름일 듯 일어나고
갯가에 쌓인 비늘처럼 반짝이누나.

아아, 삶이란 무엇인가?
가도 가도 끝이 없어라.
피곤한 인생의 여정

많다고 자랑해도 늘 부족한 마음
가진 것이란, 추운 날 잠시 쬐는 햇볕 같은 것
드러나고 보이는 모든 양상樣相 구름 위 누각과 같은 것
알면서도 고개 들고 알면서도 부끄러워 고개 숙이다.

어제의 일은 그냥 잊으려 했는데
물결은 출렁이지 않으나
바람이 부는 것은
미약迷弱한 우리들의 인생사

멀리서 바라보는
인생의 여정라
지난날의 회상이
구름일듯 일어나고 갯가의
반짝이누나 아아 삶이란 무엇이던가
갈수갈수 끝이 멀어라 따근한 인생의 여정

晟東 仲秋 三角嵧 城東

황산감

聽來見黃山 청래견황산

美惚無去末 미홀무거말

巖巃無雲霧 암롱무운무

人衆代雲霧 인중대운무

今來黃沙門 금래황사문

吾前覺化仙 오전각화선

一步見石叢 일보견석총

廻顔跡小懷 회안적소양

들어 황산에 와보니

아름답고 황홀하기가 끝없어라.

바위 위에 구름, 안개 없어

구름 안개 자리에는 사람이 대신하고

나 오늘 이곳 와서 보니

예전의 신선이 내가 아닐까 생각한다.

한 걸음, 한 걸음에 석총이 눈에 와닿고

되돌아보는 감회의 자취에 젖어드네.

聽來見黃山
美愧無玄未
巖嶺多雲霧
人累代雲霧
今來菎沙門
吾前覓化仙
一步見石叢
迴顏賦小懷

辛巳仲秋黃山感 三角山人 堤更一作画

*황산은 아름다운데 운무雲霧는 없고 대신 사람들이 그 자리를 매웠다. 예전에 절대적 기인이면서 개성주의 화가, *팔대산인八大山人도 머물렀다는 그곳이 바로 황산이다.

　기암기석이 눈을 가득 채우다 못해 혀를 내두를 정도라면 짐작이 갈까? 아무튼 황산 오르는 중턱 어딘가에 '황산무산黃山無山(황산에 오르면 다른 산은 없다)'라는 글귀 하나가 황산을 잘 말해준다. 이 넉 자가 황산을 넉넉하게 표현했다고 여긴다.

　내가 아는 산으로 황산만큼 기암과 괴석, 기송이 즐비하며 아름다움이 극치를 이루는 곳은 없다고 여긴다. 이것이야말로 '공전절후空前絶後'라는 말이 잘 어울릴 것 같다.

　산에서 내려오는 길에 몇 자의 글을 즉흥으로 지으면서 느낀 것이지만 내가 과거에 이 산의 신선으로 머물지 않았을까 하는 착각을 일으킬 정도이니 가히 명산 중의 명산이다. 특히 이곳에는 그림을 그리는 나로서, 나의 그림 스승으로 여길 정도로 흠모하는 '팔대산인'이 거친 곳이라 생각하니 더욱 예사롭지 않은 감회에 젖는다.

※ **황산**: 중국 안휘성에 있는 명승지로 전설의 선경을 방불케 한다.
　수많은 시인 묵객의 발길이 끊이지 않는 곳으로 1990년 세계문화유산으로 등재되었다.
※ **팔대산인**: 석도와 더불어 청대 초기의 개성주의 화가 중의 하나로 승려화가이다.
　본명은 주탑朱耷, 석명釋名은 전개傳棨. 명나라가 망한 후 1648년에 승려가 되었다.
　당시 중국 화가들의 전통적 범주에 넣긴 힘든 성격이나 특징상 절대적 기인이면서
　개성주의자다.

그대 무엇을 향해 가는가

무엇을 향해 가는가?
무엇을 위해 어디로 가나?
아무리 간다 해도
오는 걸 뭣 하러 가나?
가고 옴은 알 수도 없고
오감의 경계는 끝도 없어라.

어떤 고승이 말하기를 "야반삼경에 대문 빗장을 만져보거라" 하고는 그는 다시 돌아오지 않을 길을 가버렸다. 그의 제자들이 삼경에 빗장을 만져봤을까? 아닐까? 만져봤다면 어쨌을까? 어떤 도인에게 물었다.

"이럴 때 어떠합니까?"

"일러도 삼십 방망이요, 이르지 않아도 삼십 방망이다" 하지 않던가?

"개구집착開口執着이요, 폐구직실閉口直失이라"고도 했다.

"입을 열어도 그르치고, 입을 닫고 있어도 곧 잃는다"는 뜻이다.

이것저것 다 피하면서 모면할 길이 없을까 하는데, 어떤 고승이 나타나서는 참새 한 마리를 손에 꽉 쥐고는 "이 참새가 날 수 있을까? 날지

못할까?" 물어온다.

이 대목에서 무릎을 탁 친다(바로 그거야. 쯧쯧).

너무 뻔히 보이는 것 아니냐 이건데…. 날아가지 못하게 하려면 꽉 쥐면 될 것이고, 날아가게 하려면 쥐었던 손 풀면 되는 것이야. 바로 이것이지. 하지만 도道란, 그렇게 분별해서 얻어질 것 같으면 도가 아니지. 오죽하면 절집 문기둥에 "이 문에 들어오는 사람 알음알이(아는 척) 내지 마라 入此門內莫存知解"했겠는가?

꿈속에 청산을 밟았는데 발이 아프지 않더라.
못에 담긴 둥근 달을 건지려 낚시를 하는데
달은 낚이지 않고 입질만 하네.

꿈속의 일을 알고자 해서 꿈속을 찾아들었는데
꿈이 나를 반기는지라 깨고 보니 꿈도 꿈이 아니었다네.

꿈을 꿈인 줄 알고 꿈속을 들면
그는 이미 꿈속을 벗어난 사람이라.

마치 구름이 실체 없는 줄 알아
구름 속을 헤매지 않는 사람처럼
그러면서 그는 구름을 벗 삼아 논다네.
악!

자취

되돌아보고
되돌아보고
돌이켜 생각하고
돌이켜 생각해도
아쉬움만 더한
자취여라.

세월이 덧없는 것처럼 인생도 덧없고, 쉼 없고, 끊임이 없어서 저기 저 골짝 흐르는 물과도 같아서, 잠시도 멈추지 않고 흘러가고 있다.

흘러가는 인생이 그렇게 흘러가는 것이 안타까워 멈추려고 발버둥질 치는 사람이 있는가 하면 그냥 흐르면 흐르는 대로 흘려 보내는 사람도 있다.

앞서 흘러가는 세월이 아까워 발버둥질치는 사람이 인생을 좀 더 적극적으로 사는 부류에 속한다면, 뒤에 흐르는 대로 사는 인생은 초연한 인생으로서 좋게 보면 초연한 삶이고 달리 보면 인생을 달관해서 그렇

되돌아보고
되돌아보고
도리켜 생각한
아름움만 디한
잔취아라

風木秋節
三角山居 堤雨

게 살 수도 있고, 또 어떻게 생각해보면 인생을 바라는 바 없이 포기한 인생으로도 볼 수 있다.

그러나 이렇게 살든, 저렇게 살든 되돌아보면 허망함만 더해서 입가에 쓴웃음이 나온다. 가령 그렇게 적극적인 삶을 살았던 사람도 자신의 힘이 쇠퇴해서 자리에 누웠는데, "어떤 것이 인생입니까?" 또는 "어떻게 살아야 합니까?" 하고 물어온다면 무슨 답을 할 수 있을까.

일찍이 한국 불교의 한 획을 그은 경봉鏡峰스님은 수덕壽德이 있어 아흔을 넘겨 사셨다. 그런 분도 생전에 "인생은 연극이다"라는 말을 자주 하셨다. 그분이 연극 같은 인생을 말하는 배경에는 보다 적극적인 삶을 강조하는 메시지가 들어 있다.

경봉스님의 말을 빌리면, 인생이란 연극인데 무대에 선 우리가 한바탕 큰 연극을 해야 한다는 것이다. 이에 덧붙여 생각하면 무대에서 그냥 배우가 아니라, 주연배우가 되라는 것이다. 알다시피 연극이 아니라도 어느 부류든 주연은 소수에 불과하고 나머지 다수는 조연이고, 나머지는 일회용 엑스트라다.

인생은 흐르는 물과도 같아서 주연이든 조연이든 엑스트라든 다 함께 흘러간다. 누가 흐르는 물줄기를 멈출 수 있겠는가? 교회에 가면 "예수 믿으면 천당 가고, 예수 안 믿으면 지옥 간다" 하면서 예수 믿지 않으면 지옥에 떨어진다고 으름장을 놓는다. 또 사찰에 가면 "선근善根을 심어라" 하고 이르며 왕생극락을 말한다.

나는 늘 교회에서 말하는 '죽어서 천당'이라는 말이 꺼림칙하다. 이

왕이면 살아서 천당 구경이라도 한 번 하면 더 좋을 것인데, 왜 죽어야만 천당에 가는지….

불교에서는 열반涅槃을 말하는데, 교회보다는 좀 나은 말을 한다. 열반이란 연소되었다는 뜻이다. 죽어서 얻는 것이 아니라 살아서 열반을 얻는 것이다. 하지만 부처님 믿어, 살아서 열반을 얻은 모습은 보지 못했다. 이것은 불교를 부정하는 것이 아니라, 이를테면 스님들이 참선을 하고 나아가 남에게 권유하는데, 과연 무엇을 얻을 수 있는지 또한 살아 열반을 얻었는지를 뜻한다.

가만히 생각해보자니, 우리가 살아가는 삶의 순간순간이 '열반이요, 지옥' 이 아닌가.

왜냐하면 상류층의 사람들이라고 늘 행복하고 기쁘지만은 않고, 하류층의 사람이라고 늘 불행하지는 않기 때문이다. 행복도 불행도 순간이다.

조선시대 서산대사는 찾아온 손님에게 간밤의 꿈을 말하는데, 이러하다.

"주인이 손님에게 꿈을 말한다. 손님도 꿈을 말한다. 지금 두 사람이 꿈을 말하고 있으니, 이들은 다 꿈속 사람이다 主人夢說客 客夢說主人 今說二夢客 亦是夢中人."

이처럼 두 사람이 꿈을 말하니, 이는 모두 꿈속의 사람이라고 하였듯이 우리가 사는 것이 되돌아보면 잠시 꿈인 게다. 꿈인지도 모르고, 영원한 실체인 양 집착하고 빠져서 악한 생각 원망하는 마음, 시기하고 질투하고 헐떡거리고, 거짓으로 꾸미고 속이고 하니 허망하고 허망할 뿐이다.

천하절색도 고통이 있고, 그 고통 속에 빠져 목숨을 끊는 것을 많이 보지 않았던가. 그리하여 그 어떤 사람도 숨 떨어지면 그것으로 끝인데, 숨이란 들쑥날쑥해서 한 순간이라도 쉼이 없다. 그런 숨이 잠시라도 멈춘다면 그날이 제삿날이다.

바라건대, 욕심내지 마라. 천하의 영웅도 동서남북 흙더미 속에서 썩어갔을 뿐이다. 여기에 이름 남기는 것을 말하지만, 이름을 남기는 것 또한 부질없다.

인류 역사상 내가 과거에 누구라고 하면서 다시 환생했노라 한 경우를 아직 들은 바 없고, 죽어보니 천당이 어떻고 지옥이 어떻더라 하는 말 역시 들어본 일 없다. 차라리 어느 고승의 말처럼 "인생은 잠시 쉬어가는 것이다"라는 정도로 받아들이면 족하지 않을까 생각을 해본다.